AF215079

Anne Rösner-Langener

„SHORT STORIES TO GO"
35 Kurzgeschichten für Eilige

Copyright© Anne Langener 2018
Bild Cover: Anne Rösner-Langener

Herstellung und Verlag
BoD-Books on Demand,
Norderstedt
ISBN: 9783 7448 8592 8

Ähnlichkeiten mit Personen und Handlungen sind frei erfunden.

Inhalt

Ein fataler Zufall

Antonia war eine hübsche junge Frau, 24 Jahre alt und voller Sehnsüchte. Sie wollte als erstes heiraten, dann viele Reisen machen, ein Haus bauen und zwei Kinder ihr Eigen nennen. Diese Wünsche sollten ihr Freund, den sie nun schon über ein Jahr kannte, ihr erfüllen.

Die Hochzeit mit ihrem Freund Jens sollte ihn zwei Wochen stattfinden. Sie war so gut wie vorbereitet. Als Lehrerin hatte sie ihre Hochzeit so gelegt, dass sie in der dritten Ferienwoche stattfand. Nach der Hochzeit war noch eine zweiwöchige Kreuzfahrt durchs Mittelmeer geplant. So konnte sie sich danach noch eine Woche Ferien zu Hause machen, bevor die Schule wieder anfing.

Es fehlten nur noch das Brautkleid und der Junggesellinnen-Abschied. In wenigen Tagen würde ihr Hochzeitskleid zur Anprobe fertig sein. Am Wochenende war geplant, dass sie mit ihren fünf Freundinnen in die nächst größere Stadt zum Junggesellen-Abschied, mit dem Zug, fahren würde. Sie wollten übers Wochenende in der Stadt bleiben und sich amüsieren. Vielleicht auch ein wenig shoppen gehen.

Sie hatte alles gut planen können, da Jens in der Woche und auch manchmal am Wochenende quer durchs Land fuhr, um für seinen Arbeitgeber Server und Computer zu reparieren. Er hatte ihr erklärt, dass er immer abrufbereit sein müsse. Da er gut zu verdienen schien, war ihr das auch egal, weil da gab es ja noch ihre Wünsche.

Das Wochenende rückte näher und die Vorfreude war groß, als die sechs Mädels, alle im Alter wie Antonia, sich am Bahnhof trafen. Nach einer Übernachtung in einem kleinen, aber gemütlichen Hotel wollte man sich tagsüber als Rotkäppchen verkleiden und den von Antonias Oma selbstgemachten Rhabarber Aufgesetzten verkaufen. Am Abend war in einer Bar Männerstrip angesagt und danach wollte man in einen Club tanzen gehen.

Der Tag und auch der Abend waren bis hierhin zu Antonias Zufriedenheit verlaufen.

Mittlerweile waren Antonia und ihre Freundinnen schon ein wenig redselig geworden. Der Alkohol löste die Zunge. So kam es, dass Antonia beim Nachschminken auf der Toilette, eine junge Frau kennenlernte. Sie schien ein wenig älter als Antonia zu sein. Antonia bat sie doch mit an die Bar, zu ihren Freundinnen, mitzukommen. Man sprach über alles Mögliche und auch über die bevorstehende Hochzeit. Die junge Frau, die sich als Karin vorstellte, wollte unbedingt Näheres über den Bräutigam wissen und so zeigte Antonia ihr ein Bild von Jens, was sie immer im Portmonee, bei sich trug. Antonia sah, wie Karin blass wurde.

„Was ist?", fragte sie besorgt.

Einige lange Sekunden saß Karin stumm auf ihrem Barhocker. Doch dann griff sie in ihre Handtasche und fingerte mit zittriger Hand, aus der Seitentasche, ein Foto hervor. Antonia sah in das Gesicht von Jens. Beide Frauen verstummten. Selbst Antonias Freundinnen saßen bleich und verlegen, auf ihren Barhockern. Es dauerte, nach der Schockstarre, nicht lange bis Karin und Antonia sich wegen des treulosen Jens austauschten. Sie mussten feststellen, dass er schon mit Karin verheiratet war, und dass die beiden einen kleinen Sohn, von zwei Jahren hatten. So, wie es schien, waren beide einem Bigamisten auf den Leim gegangen.

Karin war des Alleinseins überdrüssig geworden und hatte den kleinen Sohn – für dieses Wochenende – zu ihrer Mutter gegeben. Mit dieser Offenbarung hatte sie allerdings nicht gerechnet.

Beide Frauen waren sich einig. Sie wollten **Rache**!

Eine Woche später:

Karin steht vor dem Altar der kleinen Kirche ihres Ortes. Sie wartet auf Jens. Der Pfarrer wird immer nervöser, da er endlich mit der Zeremonie anfangen möchte. Es vergehen 5 Minuten, 10 Minuten, 15 Minuten. Weit und breit nichts von Jens zu sehen.

Zwanzig Minuten vorher:

Jens, hatte es ziemlich eilig zu seiner zweiten Ehe zu kommen. Am Abend vorher hatte er sich noch einen ausgiebigen Bordellbesuch gegönnt und weil er sich dort ein wenig verausgabt hatte, leider verschlafen. 31 Ampeln trennten ihn von der Kirche. Gott sei Dank war die letzte Ampel GRÜN. Er drückte noch einmal kräftig aufs Gas. Die Autokupplung seines silbernen Porsche-Cabrio hatte schon so einiges mitgemacht. Aber Jens genoss den Sound seines „silbernen Pferdchen" und so gab er ihm noch ein letztes Mal seine Sporen.

Ganz in der Nähe der Ampel – auf dem Fußweg - stand Karin. Sie wusste, Jens musste dort vorbeikommen. Und da war er. Sie sah, wie der silberne Porsche über die Ampel raste…

Ein kräftiger, lauter Knall und eine Autohupe, die nicht mehr auszugehen schien. Metall knallte aufeinander und Glas zersplitterte.

Sie hörte wenige Minuten später den Notarzt und den Rettungswagen und zuletzt die Polizei, zum Unfallort eilen. Zu guter Letzt fuhr der Leichenwagen vor.

Antonia, die noch immer am Altar ausharrte, hörte das ersehnte Klingeln ihres Handys. Als sie an ihr Mobiltelefon ging, wusste sie, dass das Werk vollbracht war. Sie würde nicht heiraten und auch nicht mehr so schnell vor einen Altar treten.

Offiziell war eine defekte Ampelanlage an Jens Tod schuld. Innoffiziell hatte Karin einen Verehrer bei den Stadtwerken, der ihr aus Liebe einen Gefal-

len tat und ihr späterer Ehe-
mann wurde.

„Vitus Giant"

Wo soll ich anfangen mit meiner Geschichte? Ich bin eine einfache Fichte. Fälschlich sagen die Leute auch Rottanne zu mir. Mein grünes Kleid trage ich auch im Winter. Da ich eine Ausnahmefichte und 78 m hoch bin, mein Stamm jedoch nur ein Meter Durchmesser hat, muss ich ganz schön aufpassen, wenn es stürmt und es dabei noch über einen längeren Zeitraum regnet. Man wird ja schließlich auch nicht jünger. Eigentlich fühle ich mich mit meinen 108 Jahren noch sehr jung und fit, wenn man bedenkt, dass manche von uns schon 600 Jahre und älter geworden sind.

Dieses Alter schaffen viele von uns nicht, da die Jüngeren zu Weihnachtsbäumen verwendet werden. Wir können uns erst nach 40 Jahren fortpflanzen und da die Bäume, die als Weihnachtsbäume verwendet werden, nicht dieses Alter erreichen, bleibt da auch der Nachwuchs aus. Jetzt habe ich ihnen schon einiges über uns erzählt. Aber eigentlich wollte ich ihnen erzählen, was mir vor etwa zwei Wochen passiert ist.

Ach ja, ich habe vergessen mich vorzustellen. Mein Name ist „Vitus Giant". Dieser Name kommt aus dem Lateinischen und heißt „alter Riese". Doch nun endlich zu meiner Geschichte.

Es hatte seit Oktober fast ununterbrochen geregnet. Vor etwa zwei Wochen gab es dazu noch Orkanböen. Dies ging über einige Tage so. So brach dann das Unglück über uns Bäume herein. Nicht, dass ich damit sagen möchte, dass die Menschen und andere Lebewesen nicht auch Kämpfe mit den Orkanböen ausfechten mussten.

Unsere Baumgruppe stand nun schon seit sehr vielen Jahren, vielleicht Jahrhunderten, am Rande des Westerwaldes, am Ausgang eines kleinen Ortes. Ich kann ihnen sagen, wir haben schon so einiges mitgemacht - Frost, Dürre, Stürme, Brände und Kriege. All das haben meine Kameraden und ich überlebt. Aber das letzte Unwetter hat so einigen aus unserer Gruppe den Garaus gemacht. Die Fichte rechts neben mir, wurde als erste samt Wurzel aus der Erde gerissen. Das viele Regenwasser hatte den Boden aufgeweicht und so hatten die Orkanböen ein leichtes Spiel. Ich konnte mich mit meiner Wurzel kaum noch halten. Mit aller Macht krallte ich mich in der Erde fest. Diese war aber so weich, dass es nicht viel half. Mein Stamm hatte sich schon zur Seite geneigt. Da kam unverhoffte Hilfe. Die Fichte rechts neben mir wurde mit einem großen Knall aus der Erde gerissen und fiel genau auf mich drauf. In diesem Moment fiel die Fichte links neben ebenfalls mit großen Getöse gegen mich. Sie schoben mich wieder in meine ursprüngliche Position. Zum Glück war das Unwetter zwei Tage später vorbei.

Über Nacht gab es Frost und die matschige Erde gefror, so dass ich wieder Stabilität bekam. Sicherlich wird sich im Frühjahr der Eichelhäher, der sein Nest jedes Jahr in meiner Baumkrone hat, welches er als Polizeistation benutzt, freuen, dass ich noch da bin. Von dort oben warnt er mit seinem schrillen „Gesang", die Lebewesen des Waldes vor Gefahren.
Waldarbeiter, die durch ihre dicke Kleidung fast nicht zu erkennen waren, um sich vor dem kalten Wetter zu schützen,

kamen und befreiten mich von meinen beiden Lebensrettern.

Sie wurden zerlegt und abtransportiert. Vielleicht werden sie später zu schönen Möbeln verarbeitet? Wer weiß schon, was jetzt mit ihnen geschehen wird?

Ich, „Vitus Giant", werde weiter hier an meinem Platz stehen und Wind und Wetter trotzen.

Vielleicht sehen wir uns ja mal.

Ach, ja fast hätte ich es vergessen zu erzählen.

2008 wurde unter einer Fichte in der Provinz Dalama in Schweden Wurzelholz gefunden, das auf ein Alter von 9 550 Jahren datiert wurde und genetisch mit dem darüber wachsenden Baum identisch sein soll.

Ich hoffe und wünsche mir, dass ich trotz Klimawandel noch viele hundert Jahre auf dieser schönen Erde stehen bleiben darf.

Freundschaft

Was ist Freundschaft? Das habe ich mich in den letzten Jahren sehr oft gefragt.

Im Kindergarten ist jedes Kind, mit dem man zweimal spielt, für die Eltern schon eine Freundin oder Freund. Als Kind war der Begriff Freundschaft anders definiert.

Es gab Schulfreunde. Man zankte und vertrug sich wieder. Nach dem Schulabschluss verlor man sich aus den Augen. Jahre später sah man sich auf diversen Klassentreffen wieder. Die Schulfreunde von damals hatten sich verändert. Jeder war seinen eigenen Weg gegangen. Da waren die Familie, das Haus und der berufliche Werdegang. Das Versprechen, dass man sich beim Klassentreffen gab, die alte Schulfreundschaft wieder aufleben zu lassen, war nach dem zweiten privaten Treffen oder sogar vorher schon in Vergessenheit geraten.

Im Laufe der Jahre muss man dann feststellen, dass viele Freunde - manche haben sich auch nur so bezeichnet - Lebensabschnittsgefährten waren.

Im Berufsleben gab es dann so manchen Freund, der eigentlich als Neuling nur dein Wissen aufsaugen wollte, um dich später zu denunzieren und zu mobben, weil man doch vom einfachen Volontär zum Chefredakteur aufsteigen wollte. Was dann letztendlich auch solchen Menschen gelang.

Da sind dann noch die Freunde, die gerade Single sind und jemand brauchen zum Ausweinen und Ausgehen. Haben sie sich dann vom Singledasein verabschiedet, verschwinden sie wieder ganz leise.

Nicht zu vergessen Studienkollegen, mit denen man während des gesamten Studiums nächtelang zusammen paukte und auch sonst viel Freizeit verbrachte. Man tat alles füreinander. Doch war das Studium beendet, war auch die Freundschaft vorbei.

Man ist traurig, doch es bleiben die vielen schönen Erinnerungen.

Doch, es gibt sie, die Freundschaften, die fast ein ganzes Leben lang halten. Zu diesen glücklichen Menschen zählt der Schreiberling dieses Textes.

Wir trafen uns, als wir bei 17 Jahre alt waren und das sind nun schon 46 Jahre her. Es gab in dieser Zeit Höhen und Tiefen in unseren Leben. Wir gaben uns in schlechten Zeiten immer Halt. Haben zusammen gelacht und geweint. Nur eines haben wir nie, uns gestritten. Wir hatten immer Achtung und

Respekt voreinander. Egal was kam oder noch kommen wird. Eines wissen wir: Wir sind wahre Freunde.

Natürlich sind in den letzten Jahren auch noch andere Freundschaften entstanden, die hoffentlich noch lange Bestand haben.

Zusammengefasst: Auch, wenn viele sogenannte Freundschaften enttäuschend waren, so wäre das Leben doch öd, leer und einsam ohne Freunde.

Für mich ist Freundschaft, wenn ich jemand vertrauen kann. Wenn ich mich auf die Person verlassen kann. Das Wort Neid nicht vorkommt. Sich gegenseitig auch in schlechten

Zeiten halt gibt, und dass man sich respektiert, dass man zusammen lacht und weint.

Denn wem könnte man so manche Dinge anvertrauen, die man sonst mit niemanden teilen kann?

Wie sagt man doch so schön:

„Freunde" kann man sich aussuchen, die Familie nicht"

Der Weg zum Glück

Auf einem der größten und weitesten Sterne im Universum lebt das Feenvolk Amira. Der Stern der ebenfalls Amira heiß

t, strahlt so hell, dass man ihn ohne Fernglas auf der Erde als winzigen Punkt erkennen kann.

Die Bewohner, winzige Feen, bilden dort ein lustiges Völkchen. Man hat auf diesem Stern immer was zu feiern. Die Amerianer lachen und tanzen ständig. Da es immer hell ist und man keinen Schlaf benötigt, hört man auf Amira Tag und Nacht die schönste Musik. Sie singen und spielen dabei auf ihren harfenähnlichen Instrumenten.

Ihre langen Feenhaare wiegen sich dabei im Takt der Musik. Diese pflegen und lieben sie über alles. Das Wasser zum Haarewaschen kommt aus goldenen Wasserpumpen, die überall auf Amira stehen. Das Wasser wird tief aus dem Innersten des Sterns geholt. Man sagt ihm große Zauberkräfte nach. Vor großen Spiegeln bürsten die Feen ihre wunderschönen Haare, um sie anschließend mit Schleifen, Bändern und allerlei bunten Spangen zu verzieren. Durch das Zauberwasser funkeln und leuchten ihre Haare so hell, das auf Amira alles in ein glänzendes Licht aus Gold getaucht ist.

Eines Tages, als die Elfe Iris sehr nah am Sternenrand saß und sich die Haare bürstete, geschah ihr ein Missgeschick. Sie blieb mit einer Haarsträhne in ihrer Bürste, die aus funkelnden Kristallen bestand, hängen. Iris wusste, dass sie vorsichtig das Büschel Haare befreien musste, da es wegen des Leuchtens auf Amira, auf jedes einzelne Feenhaar ankam. Es gelang ihr auch, die Haarsträhne zu befreien. Fast! Ein Feenhaar fiel von ihrem Kopf in die unendlichen Weiten des Universums.

Sie schaute noch lange traurig hinterher. Das Leuchten wurde immer kleiner. Es sah aus, wie ein kleiner Sternenschweif, der seinen Weg durchs unendliche All suchte.

Insel Sylt. Es war Anfang Juni. Der Sommer hatte gerade begonnen. Die Strandkörbe am Westerlander Strand warteten auf ihre Besucher.

Hansi aus München war gerade von seiner Frau verlassen worden. Er wollte weg. Fliehen vor allem, was ihn an die Vergangenheit erinnerte.

Seine Mutter erzählte ihm von Sylt. Sie hatte dort schon oft Urlaub gemacht und meinte:

„Junge, Sylt ist weit genug von München entfernt. Du kannst es ruhig als Ende der Welt ansehen. Dort wirst du sicherlich deinen Kummer vergessen."

Hansi war der Rat seiner Mutter Befehl. Er war und blieb eben ein Muttersöhnchen.

Trotz allem hatte er einen ranghohen Posten in seiner Firma inne. Den hatte er sich als Workaholic erarbeitet. Es war ihm nichts in den Schoss gefallen. Dies war auch der Grund, warum ihn seine Frau verlassen hatte.

Hansi genoss das wachsende Treiben in Westerland. Mittlerweile freute er sich beim Frühstück auf seinen Stammstrandkorb. Etwas bedrückte ihn jedoch noch und machte ihm das Leben schwer. Es war sein Hühnerauge. Er hatte bisher, durch seine viele Arbeit, keine Zeit gefunden, sich um dieses schmerzhafte „Biest" zu kümmern. Er dachte so bei sich:

„Na gut, jetzt hat mein Hühnerauge wenigstens Freigang und kommt an die frische Luft. So ohne Socken und Schuhe, tut es wenigstens nicht so weh."

Allerdings hatte er sich fest vorgenommen, in nächster Zeit was zu unternehmen.

Am Abend, als es schon dunkel war, ging er nochmal zu seinem geliebten Strandkorb. Versonnen schaute er in den Sternenhimmel und genoss die würzige Meeresluft. Von der Nordsee streifte ihn eine angenehme kühle Brise. Er streckte den rechten Fuß, der sein „Hühner-auge" beherbergte ein wenig vor. Doch was war das? Da fiel etwas „LEUCHTENDES" genau auf sein „Hühnerauge" und wi-ckelte sich sodann um seinen Zeh.

„Oh, mein Gott, ein leuchtendes Haar", sprach er vor sich hin.

Es wickelte es vom Zeh und drehte es träumerisch zwischen seinen Händen. Wie schön es doch aussah. Wie ein leuch-tender Seidenfaden. Er würde es als Andenken mit nach Hau-se nehmen, beschloss Hansi.

Er rollte es zusammen und steckte es in seine Hemdtasche.

Nachts träumte er vom Stern Amira und der kleinen Fee Iris. Er sah, dass sie traurig war, weil ihr ein Leuchthaar fehlte. Er beschloss im Traum ein kleines Raumschiff zu bauen. In dieses legte er das Feenhaar und programmierte es, zum Stern Amira zu fliegen.

Als Hansi am nächsten Morgen erwachte und durch Zufall auf sein „Hühnerauge" blickte, war es weg.

Er war noch sehr von seinem nächtlichen Traum benommen, als er das leuchtende Haar aus seiner Hemdtasche holen wollte, um es sich noch einmal an-zuschauen. Er erschrak. Es war weg. Wo war es nur geblieben? Stattdessen fingerte er einen kleinen Zettel hervor. Auf dem stand in leuchtend, goldenen Buchstaben DANKE!

Hansi verstand zwar nicht, was geschehen war, aber ab diesem Tag gelang ihm einfach ALLES. Wirklich ALLES!

Er bekam von nun an den Spitznamen „Hans im Glück'".

Bootsfahrt

Die Sonne scheint durch das Schlafzimmerfenster und kitzelt meine Nase. Es ist Sonntag und kurz nach sieben. Ein Duft, der wohl aus der Küche zu kommen scheint, schwebt in der Luft. Es riecht nach Kaffee und frisch aufgebackenen Croissants. Mein Partner kommt ins Schlafzimmer und gibt mir einen Kuss.

„Weißt du, was wir heute machen werden?"

„Nein, das weiß ich nicht".

Er schaut mich an und lächelt.

„Wir fahren samt unseren Rädern hinaus in die Natur. Ich kenne einen verwunschenen

See und auf dem werde ich dir das Rudern beibringen."

„Keine schlechte Idee", antworte ich noch ein wenig schlaftrunken.

Wir sind nun schon seit zwei Stunden mit unseren Fahrrädern unterwegs. Es ging bisher durch Waldgebiete und nicht zu vergessen, über diese fürchterlichen Schotterwege, die mir schon zweimal zu einem Sturz verholfen haben. Nichts passiert. Ich konnte mich geschickt abrollen. Da ist er der kleine See von dem mein Partner sprach. Er hat viele Einbuchtungen und ist gänzlich von Wald und Schilf umgeben.

Eine kleine Holzhütte steht am Ende des Weges. Ein alter Mann tritt vor die Hütte und begrüßt uns freundlich. Er zeigt uns einige wunderschöne Holzboote.

„Diese Ruderboote haben ich alle selbst gezimmert",

erklärt er uns.

Sie sind mit wunderschönen Verzierungen versehen. Ich suche mir eins aus mit herausgearbeiteten Blumenornamenten, die sich bunt bemalt, auf dem ganzen Boot verteilen.

Mein Partner sagt:

„Steig ein, mein Schatz".

Er reicht mir seine Hand und ich steige ein und setz mich hin. Die zwei Sitzreihen sind mit weinrotem Samt gepolstert. Ich fühle mich wie eine Prinzessin.

Es geht los. Mein Partner sticht die Paddel ins Wasser und wir gleiten davon. Mit einem Mal sind wir mittendrin in einem Teppich aus Seerosen. Wunderschöne Seerosen, durch die sich nun unser Boot seinen Weg bahnt.

Mein Partner drückt mir die Paddel in die Hand und sagt:

„Nun bist du dran. Komm ich zeig dir, wie es geht."

Es ist nicht so einfach, wie es aussieht. Aber es macht Spaß.

Ich weiß nicht wie lange wir so dahingleiten. Nur wir zwei. Über uns der blaue Himmel. Unter uns lugt ein glasklarer blauer See, der über und über mit hübschen Seerosen bedeckt ist. Das Leben scheint auf einmal so leicht, so wunderschön. Ich möchte nie mehr an Land zurück.

Der Wecker dröhnt mit seinem monotonen Klingeln an mein Ohr. Es ist sechs Uhr, am Montagmorgen und es wird Zeit aufzustehen. Die Arbeit ruft. Im Badezimmer bemerke ich, dass ich Blasen an meinen Händen habe...

Tommy

Darf ich mich vorstellen? Ich tue es einfach mal, ob sie wollen oder nicht. Ich bin Tommy. Mein Alter: Acht Jahre, vier Monate, drei Tage und so einige Stunden. Noch! Gerade befinde ich mich auf meiner letzten Fahrt. Ja, sie hören richtig. Die letzte Fahrt bevor ich über die Regenbogenbrücke gehe. Ach ja, ich habe vergessen, ich bin ein schwarzer Kater. Wissen sie was? Damit es mir hier im Auto nicht zu langweilig wird, erzähle ich ihnen kurz meine Lebensgeschichte. Die, wie sie nun wissen, bald ein jähes Ende nehmen wird.

Es war auf einem großen Bauernhof in einem kleinen Ort, da wo sich die Füchse gute Nacht sagen. Dort wurden fünf kleine Kätzchen geboren. Der Bauer entsorgte sofort vier von ihnen. Gerade als er dem fünften Katzenbaby den Garaus machen wollte, kam ein kleines Mädchen vorbei. Er fragte sie, ob sie ein kleines Kätzchen möchte, was die Kleine natürlich bejahte. Weil Ferien waren und sie mit ihren Eltern am nächsten Tag in Urlaub fahren sollte, gab es zu Hause großen Ärger. Der Vater ebenfalls - genau wie der Bauer - nicht gerade ein netter Mensch, was die Liebe zu Tieren anging, setzte ihr ein Ultimatum.

„Wenn das kleine Wesen bis morgen Nachmittag nicht ein anderes zu Hause findet, ist es aus."

Und so lief das kleine Mädchen weinend mit dem kleinen Kätzchen, was Platz in einem Babyschuhkarton fand und auf einem Waschlappen gebettet war, durch die Straßen des Ortes und fragte jeden, ob er es haben wollte. Doch niemand wollte es, bis sie auf dem Rückweg bei Nachbarn vorbeikam, wo gerade der Sohn samt seiner Frau und dem zweijährigen Sohn auf Besuch war. Der kleine Junge war total verzückt, beim Anblick des kleinen Kätzchens und beim Rest der Familie hatte man Mitleid. Es wurde von dem kleinen Jungen auf den Namen Tommy getauft. Mit Babynahrung aufgepäppelt, war es nach einem Jahr ein großer, stattlicher Kater geworden. Dessen Lieblingsgericht Nudeln mit Gulasch war und zu gerne nachts im Bett schlief und ebenso gerne mit seinen Lieben kuschelte. Nur Fremden gegenüber war er sehr misstrauisch. Ebenso eine Leidenschaft von Tommy war das Autofahren, was er jedes Mal aufs Neue genoss. Meistens ging es zu den Großeltern des kleinen Jungen, wo Tommy den Hund, mit Freude, ärgerte.

Eines Tages beschloss die kleine Familie aus einer Wohnung in ein Haus mit Garten umzuziehen. Vier Jahre war Tommy nun schon eine Wohnungskatze, das sollte sich nun ändern.

Er hatte das erste halbe Jahr absolut keine Lust das Haus zu verlassen. Eines Tages ging er doch mal ein paar Meter vor die Tür. In dessen Nähe stand ein Birnbaum. Auf diesen kletterte er. Anschließend musste er mit der Leiter wieder heruntergeholt werden. Nach diesem Erlebnis erweiterte Tommy sein Revier auf den ganzen Garten aus und nach einem Jahr hatte er sein Revier auch auf den naheliegenden Park und die dahinterliegenden Felder ausgedehnt. Es gab ausgiebige Revierkämpfe zwischen den anderen Katern und ihm. Er kam des Öfteren nach Hause mit Blessuren aller Art, wie zum Beispiel ein eingerissenes Ohr oder ein Holzspan in der Beuge seines Beins.

Er hasste den Tierarzt, wo er häufig zu Gast war. Der Tierarzt hatte Respekt vor Tommy, war er ihm doch eines Tages vom Tisch gesprungen und hatte ein Regal leergeräumt, bei seiner wilden Flucht. Er wurde anschließend im Schlafzimmer des Tierarztes, unter dem Bett wieder eingefangen. So ein Pesch, wenn man die Privaträume direkt an der Praxis hat und dann noch die Tür zum Schlafzimmer aufstehen lässt.

Bei Leckereien sagte Tommy nie nein. Er wusste genau, wann eine Feierlichkeit stattfand und vielleicht gab es ja Partyfrikadellen. Die konnten noch so gut versteckt werden, Tommy fand sie. Die Familie liebte ihren Tommy, auch wenn er so manchen Blödsinn machte. So auch, als er dem Pudel der Nachbarn auflauerte. Als die Nachbarin die Wäsche im Garten aufhängte und ihr Pudel neben ihr stand, sprang Tommy vom Zaun auf den Rücken des Hundes. Am Ende mussten die Dosenöffner eine Menge Geld für die Wiederherstellung des Pudels an die Nachbarn, für die Tierarztkosten, zahlen. Aber so war er eben. Ein stolzer, kämpferischer Kater. Er hatte auch eine soziale Ader. Er fraß keine Mäuse und keine Vögel. Mäuse konnten im über die Füße laufen. Sie interessierten ihn einfach nicht.

Ein anderer Nachbar war nicht gerade ein Tierliebhaber. Er und sein zehnjähriger Sohn hatten eine Vorliebe. Sie schossen gerne mit dem Luftgewehr. Eines Tages verfehlte der 10jährige Nachbarsjunge den kleinen Jungen der Familie. Und dies allerdings nur, weil Tommy genau in dem Moment an seinem heißgeliebten Menschenkind hochsprang. Tommy wurde genau in die Stirn zwischen seinen Augen vom Geschoss getroffen. Der Tierarzt meinte nur:

„Er könne nichts machen, man müsste abwarten."

So blieb die Kugel drin. Nach ca. einem Jahr kam Eiter aus Tommys Augen und Blut aus der Nase. Medizinische Hilfe gab es keine mehr. Es war soweit.

Ja, Leute und jetzt sitze ich hier im Auto und weiß, es gibt kein Zurück mehr. Die Regenbogenbrücke kommt näher. Ich hatte ein schönes Katzenleben und wer weiß, was dem kleinen Jungen ohne mich passiert wäre.

Der kleine Junge wusste nichts von der letzten Fahrt seines geliebten Katers und glaubte - er hatte selbst schon eine Tochter in seinem damaligen Alter - dass Tommy weggelaufen sei. Als man ihm die Wahrheit sagte, war er sehr traurig, auch, weil man ihm die Wahrheit nicht schon früher gesagt hatte.

PS: Meine Beobachtungen aus meinem Katzenhimmel haben herausgefunden, dass der kleine Junge von damals, der als ich nicht mehr da war, noch lange um mich getrauert und geweint hat, wieder zu Hause einen schwarzen Kater hat. Dieser wurde übrigens auch gerettet. Von wem wohl? Genau von diesem nun erwachsenen Jungen. Er hat ihn schlechten, bösartigen Menschen, die keine Achtung und Respekt vor Lebewesen haben, abgekauft.

Warten auf Schnee

Eine Woche vor Heiligabend. Es schneit. Die Schneedecke wächst von Stunde zu Stunde. Schön! Wir freuen uns alle. Vielleicht gibt es wirklich mal, nach einigen Jahren schneelosem Weihnachten, endlich mal wieder weiße Weihnachten. Das Wochenende brachte 30 cm Schnee. Doch leider war am darauffolgenden Montagmittag schon fast nichts mehr davon zu sehen. Unsere Hoffnung und Wünsche würden doch erfüllt werden? Der Winter hatte sich verabschiedet.

Weihnachten rückte näher, mein Sohn, Schwieger- und Enkeltochter, mein Ehemann und zwei Hunde freuten sich auf Schnee in Winterberg, was bekanntlich im Sauerland liegt und eigentlich ein Garant für Schnee ist.

Zwei Tage vor Heilig Abend würden wir unser Häuschen beziehen und weihnachtlich schmücken. Tatsächlich lag dort nach unserer Ankunft Schnee. Am nächsten Morgen würde ich mit meiner Schwiegertochter die restlichen Leckereien für das Weihnachtsessen einkaufen gehen. Wir waren alle müde von der hektischen Vorweihnachtszeit und so schliefen wir am nächsten Morgen etwas länger. Selbst die Hunde hatten beschlossen, den Tag später zu beginnen. Als wir wach wurden und rausschauten, konnte die Enttäuschung nicht größer sein. Wo war der Schnee geblieben? Er hatte sich über Nacht davongestohlen. Unser Enkelkind weinte und unsere Laune sank auf einen Tiefpunkt. Wir versprachen, mit ihr zur Rodelbahn zu fahren, die beschneit wurde, und da gab es ja noch das Schwimmbad. Da sie gerne schwimmen geht, war dies noch etwas, womit man sie beruhigen konnte.

Wir sollten noch fünf Tage auf den Schnee warten. Vergeblich. Es gab nur Matsche und Regen, was mit zwei Hunden keine angenehmes „Gassigehen" war. Wir trotzten dem Wetter und machten mehrmals täglich längere Spaziergänge. Mit nasser Erde bespritzt, bis in die Haare, kamen wir jedes Mal zurück und die Hunde sahen aus wie kleine, braune Schweinchen, die sich im Matsch gesuhlt hatten. Für Mensch und Tier gab es anschließend eine längere Säuberungsaktion. Zum Glück gab es einen Kamin, vor den sich die Hunde zum Trocknen legten, da keiner der beiden ein Freund von föhnen ist.

Wir spielten „Mensch ärger dich nicht", „Uno" und noch so einige andere Spiele. Verbrachten viel Zeit mit Lesen und Kochen. So vergingen die Weihnachtstage.

Nun haben wir Mitte Januar und es ist immer noch kein Schnee in Sicht. Dafür gab es Orkanböen, bei denen unser Garagendach das Fliegen ausprobierte und in den nachbarlichen Gärten landete. Ebenso hatte unsere Mülltonnenbox einen Höhenflug.

Die Natur scheint so langsam ihr Schweigen zu brechen. Überall aus der Erde schauen kleine grüne Stängel hervor. Selbst die ersten Gänseblümchen strecken neugierig ihre Hälse aus dem Gras. Viel zu früh! Schauen wir mal, was der Winter uns noch so beschert. Vielleicht gibt es ja doch noch Schnee und die Natur geht erneut in den Winterschlaf. Ich liebe Schnee, wenn ihn auch viele Leute nicht mögen.

17. Januar. Ich wache auf und sehe durch mein Schlafzimmerfenster. Es ist alles weiß. Es schneit...

Begegnung

Lisa-Marie ist 32 Jahre alt, verheiratet, hat zwei Kinder und lebt auf einem Bauernhof in den Bergen von Walis, in der Schweiz. Der Hof der Familie stammt aus dem 18. Jahrhundert und so sind auch die verstaubten Ansichten der Schwiegereltern, die mit auf dem Hof wohnen. Lisa-Marie, die schon mit 17 Jahren geheiratet hatte, weil sie glaubte und hoffte, das neue Leben als Ehefrau eines Bauern wäre ein Besseres, als sie bisher hatte, wurde jäh enttäuscht. Mit 20 Jahren war sie schon Mutter eines Pärchens. Sie wollte ihren Kindern eine bessere Kindheit bieten, als sie sie hatte. Ihre Eltern zeigten ihr immer wieder eine gewisse Kälte. Die jüngere Schwester wurde ihr eindeutig vorgezogen. Lisa-Marie spürte, seit sie denken konnte, dass irgendwas nicht stimmte. Bis ihre Eltern ihr an ihrem 14. Geburtstag mitteilten, dass man sie adoptiert habe, weil man keine eigenen Kinder bekommen konnte. Als dann doch nach zwei Jahren, die von den Eltern langersehnte kleine Schwester geboren wurde, bereute man die Adoption aufs Heftigste. Da wurde Lisa-Marie auf einmal alles klar. Sie wollte nur noch weg, was sich jedoch ziemlich schwierig gestaltete, da sie in einem kleinen schweizerischen Örtchen in den Waliser Bergen lebte, wo jeder Jeden kannte. Die Adoptiveltern wollten sie aus diesem Grund und dem Grund, dass sie im väterlichen Käsebetrieb mitarbeiten musste, nicht gehen lassen.

Auf einem Schützenfest, kurz nach ihrem 16. Geburtstag, lernte sie ihren Ehemann Leon kennen. Er kam aus dem Nachbarort. Es dauerte nicht lange und Lisa-Marie war schwanger. Ein neuer Lebensabschnitt nahm seinen Anfang.

Nach fast 16 Jahren mit Leon sehnte sie sich nach einem Leben in der Stadt, mit mehr Komfort, Kultur und Esprit. Das jahrzehntelange, eintönige Leben hatten ihr jeglichen Antrieb genommen. Das Einzige, was sie sich noch gönnte, war die Frauenzeitschrift „Elle". Beim Lesen versank sie in eine andere Welt, in die Welt der Mode. Sie sah sich dann als Managerin großer Mode-Events. Eines Tages gab es in besagter Modezeitschrift ein Preisausschreiben. Dem Gewinner versprach man eine Woche in Berlin mit dem Besuch der Fashion-Week, samt Betreuung. Diese würde die Eventmanagerin der Mode-Woche höchst persönlich übernehmen. Lisa-Marie dachte an ihre Kinder und überlegte, ob sie teilnehmen sollte. Da die Kinder ja eigentlich aus dem Gröbsten waren und schon sehr selbständig, entschloss sie sich, an dem Preisausschreiben teilzunehmen.

Zur großen Freude von Lisa-Marie, war sie doch tatsächlich die glückliche Gewinnerin. Ihr Mann Leon sah dies allerdings mit gemischten Gefühlen. Im Gegensatz zu ihm freuten sich die Kinder für ihre Mutter.

Drei Wochen später sollte das große Ereignis stattfinden. Es war das erste Mal in Lisa-Maries Leben, dass sie ihre kleine Bergwelt verlassen würde. Wie würde es in einer Großstadt, wie Berlin, sein? Was sollte sie anziehen, für einen solchen Event, wie die

Fashion Week? Wie sollte sie sich benehmen? Ihr schossen viele Gedanken durch den Kopf. Im Grunde genommen kannte sie ja nur ihre kleine Bergwelt, rund um den Bauernhof. Hatte sie das wirklich alles so gewollt? Ihre Kinder machten all diese Fragen zu Nichte und berieten sie sogar bei der Kleiderwahl und der Frisur.

Als sie kurz vor der Abreise vor dem Spiegel stand, fand sie, dass sie immer noch gut aussah, ihn ihrem roten Jackenkleid und den passenden roten Pumps. Dazu hatte sie eine weiße Handtasche mit rot abgesetzten Paspeln gewählt. Ihre Kinder hatten sie beraten und mit ihr einige Outfits aus dem Internet bestellt. In ihrer abgetragenen Bauerntracht konnte sie so nicht auf die Reise gehen.

Berlin: Die Vorbereitungen zur Fashion Week waren in vollem Gange. Sonja, ihres Zeichens erfolgreiche Eventmanagerin war in ihrem Element. Sie hatte alles, was sie sich je erträumt hatte, erreicht: Eine große Villa mit Pool und grandioser Parkanlage inklusive Pferdestall, einen Sportwagen und einen erfolgreichen, vermögenden Lebenspartner. Die Fashion Week zu organisieren war schon immer ihr Traum gewesen, der sich nun erfüllte. Ihre Eltern, besonders ihr erfolgreicher Vater, hatten ihr schon immer alle Wünsche erfüllt. So auch diesen. Ihr Vater hatte für diesen Job seine Beziehungen spielen lassen. Sonja war nun 32 Jahre alt und hatte fast alles erreicht, was sie sich vorgenommen hatte. Einen Wunsch hatte sie allerdings noch. Bis zu ihrem 40. Lebensjahr wollte sie Mutter werden. Aber diesen Wunsch stellte sie vorerst zurück. Dafür hatte sie jetzt noch keine Zeit. Wollte sie doch noch die Mailänder und Pariser Modewelt erobern und Berlin sollte der Einstieg dazu sein. War sie doch in jeglicher Beziehung ein Glückskind.

Etwas was ihr allerdings überhaupt nicht gefiel war, dass sie die Gewinnerin eines Preisausschreibens mit zur Fashion Week nehmen sollte. Zur Krönung sollte sie auch noch mit ihr eine Stadtführung machen. Man hatte ihr mitgeteilt, dass diese Person aus einem kleinen Ort aus den Waliser Bergen, in der Schweiz, stamme. Beim „Breefing" hatte sie außerdem erfahren, dass es sich um einen sogenannten „Bauerntrampel" handele. Wie konnte nur so eine Person das Preisausschreiben der bekannten Modezeitschrift „Elle" gewinnen? Hätte man da nicht ein wenig dran drehen können? Sonja schossen viele Gedanken durch den Kopf.

Der Tag, an dem sich Lisa-Marie und Sonja treffen würden, rückte näher.

Ein Bentley holte Lisa-Marie vom Flughafen ab. Es war ihr erster Flug gewesen. Sie hatte sich gerade davon erholt, da merkte sie, wie sie schon wieder aufgeregt zum nächsten Ereignis fuhr. Der Wagen setzte sie an einem der besten Hotels in Berlin ab und man trug ihre Koffer in ein wunderschönes, lichtdurchflutetes mit teuren Designer-Möbeln bestücktes Hotelzimmer. Lisa- Marie glaubte, zu träumen. Sie fühlte sich wie eine glückliche Königin. Es war bis hierhin schon mal der Höhepunkt ihres bisherigen Lebens. Selbst die Geburten ihrer Kinder kamen ihr wertlos vor.

Morgen würde sie eine gewisse Sonja, die Managerin der Fashion Week, kennenlernen. Sie war sehr gespannt auf all das, was sie noch erwartete.

Am nächsten Morgen fuhr der Chauffeur Sonja ins Hotel, zu Lisa-Marie. Sonja hatte sich vorgenommen, freundlich und höflich zu sein. Sie würde Lisa-Marie in der Bar treffen und dort mit ihr das weitere Procedere besprechen.

Auf jeden Fall wollte Sonja Lisa-Marie hinter die Kulissen eines Laufstegs führen.

Beide Frauen betraten aus verschiedenen Richtungen und separaten Türen die Bar. Sie steuerten auf den gleichen kleinen Tisch, mit seinen bunten Clubsesseln, zu. Fast wären sie zusammengestoßen. Beide sahen sich an und erstarrten. Sie sahen sich selbst, jeweils im Gesicht der anderen. Es standen sich eineiige Zwillinge gegenüber, die bei der Geburt getrennt und zu Adoptiveltern gegeben worden waren.

Lisa-Marie und Sonja haben bis heute regen Kontakt. Lisa-Marie ließ sich scheiden und nahm ihre beiden Kinder mit. Sie stieg ins Modegeschäft ein und war sehr erfolgreich, mit Hilfe ihrer Schwester. Sonja allerdings wurde Mutter von vier Kindern und sah von nun an das Familienmanagement als ihre Hauptaufgabe an. Nebenbei schrieb sie Romane und wurde eine erfolgreiche Autorin.

Flugangst

Werner, Nicols Mann hatte einen günstigen, einwöchigen Pauschalurlaub gebucht. Es sollte ein Städtetrip nach Istanbul werden. Er hatte alles arrangiert, Kind und Tiere wurden bei den Schwiegereltern untergebracht und ab ging es an einem Sonntagnachmittag in Richtung Bosporus. Der Ausgangspunkt war der Köln-Bonner Flughafen. Der Warteraum war ein wenig anders als die, die man von anderen Flügen kannte. Er befand sich im Keller. Er war sehr klein und beinhaltete viele betrunkene Kegelbrüder. Zu denen hatten sich ebenfalls betrunkene Russen gesellt. Es wurde gelacht, gestritten und gepöbelt. Nicole wurde etwas mulmig zu mute. Wollten diese Leute etwa auch nach Istanbul fliegen? Der Flug nach Istanbul wurde endlich - nach reichlicher Verspätung - aufgerufen. Nicole stand nun draußen. Kein Bus, kein Verbindungsschlauch zum Flugzeug. Weit und breit nichts zu sehen. Wo war das Flieger? Weit weg stand eine kleine, unscheinbare Maschine. War sie es etwa? Nicols Mann hatte ihr, da sie wegen eines Vorfalls, in vergangener Zeit, wo man mit einem Triebwerkschaden eine Notlandung hinlegen musste, versprochen immer eine renommierte Fluggesellschaft zu nehmen. Da er in der Familie für die Urlaube und Freizeitevents zuständig war, hatte sie sich immer auf ihn verlassen können. War das etwa die Stewardess, die nun den kleinen Trupp zum besagten Flieger führte. Der Fußmarsch kam Nicole sehr lang vor. Vor und hinter ihr die Betrunkenen. Sie war sehr ruhig geworden. Sollte sie ihrem Mann Vorwürfe machen? Er hatte es schließlich gut gemeint. Nach gefühlten zwei Kilometern hatte der kleine Haufen urlaubshungriger Touristen endlich das Flugzeug erreicht. Konnte man überhaupt Flugzeug zu so einem Gefährt sagen? Es war klein, rostig und fiel von außen schon fast auseinander. Nicols Gedanken purzelten durcheinander. Angst kam bei ihr auf. Sollte sie in diese Blechbüchse einsteigen? Sie sagte, als sie zwei Meter vor der Gangway war, die sie in die Hölle schicken sollte, zu ihrem Mann:

„Ich gehe zurück!"

Werner schaute sie nur verdattert an und meinte:

„Stell dich nicht so an. Schau dich um, keiner macht hier Theater."

Er schubste sie weiter nach vorne. Nicole hatte mittlerweile die Gangway erreicht und hielt sich mit aller Macht mit beiden Händen an den Handläufen fest.

Hinter ihr grölten die Betrunkenen Kerle:

„Lass die Alte doch hier oder ab rein mit ihr. Wir wollen endlich einsteigen."

Ehe Nicole sich versehen konnte, hatte Werner sie mit seinem Knie, mit einer Wucht, ins Gesäß getroffen, so dass sie nach vorne stolperte und die Rahmen der offenen Eingangstür an beiden Seiten zu fassen bekam. Da bekam sie noch einen Stupser und fiel gegen die Stewardess. Diese begrüßte sie freundlich und erklärte, wo ihr Platz sei. Nicole ließ sich auf ihren Platz fallen. Dicke Tränen rannten über ihr Gesicht. Hatte sie das alles nur geträumt?

Dann war es aber ein Alptraum der schlimmeren Sorte. Es kam wie es kommen musste, es wurde noch schlimmer und es war Realität. Wo war der Gurt zum Anschnallen? Gab es in diesem Flugzeug keine Gurte? Doch! Allerdings sahen die Gurte so aus, als hätte man die Hosenträger aller Istanbuler Senioren aneinandergenäht. Auch hatte jeder Sitz einen anderen Bezug und der Herr hinter Werner hatte mit seinem Sitz ein Problem. Er wackelte. Bei einem Luftloch wäre der arme Mann sicherlich abgehoben. Ein älterer Herr, der sah, dass Nicole weinte und eine etwas grünliche Gesichtsfarbe angenommen hatte, beruhigte sie und meinte:

„Ich fliege immer mit dieser Gesellschaft. Die haben die besten Piloten und runter kommt man immer, so oder so."

Das half Nicole natürlich in dieser Situation wenig. Zur Beruhigung der Passagiere kam vor dem Abflug schon das Essen. Nicole hätte eh nichts essen können. Werner, der immer einen guten Appetit hatte, freute sich jedoch schon. Hatte er doch mittlerweile, durch die lange Wartezeit einen immensen Hunger. Das Essen wurde unter einer silbernen Glocke serviert. Diese war über und über mit Fingertatscher beschmiert. Nicole sah, wie ihr Göttergatte genüsslich die Haube abnahm. Sein Gesichtsausdruck veränderte sich schlagartig. Eine vornehme Blässe überlagerte sein braungebranntes Gesicht. Nun wurde es ihm auch ein wenig mulmig. Was war das? Vor ihm lag ein abgenagtes, grünes Hühnchen. Grün, o.k., das waren türkische Gewürze, aber abgenagt. War das vom letzten Flug übriggeblieben oder hatte der Flugkapitän oder jemand seiner Crew schon mal vorgekostet? Allerdings verlief der Flug widererwarten ruhig. Werner hätte gerne mal die einzige Toilette aufgesucht, aber die Tür war leider mit einer dicken Kordel verriegelt. Sie war nicht benutzbar. Im hinteren Bereich tropfte die Klimaanlage langsam und stetig vor sich hin.

Dies alles trug nicht gerade zur Beruhigung der an Flugangst leidenden Nicole bei.

Nicole war froh, als die Maschine sanft auf dem Istanbuler Flughafen landete. Angekommen, musste selbst Werner zugeben, Angst gehabt zu haben. Die beiden verlebten nachfolgend eine wunderschöne Woche. Doch zwei Tage vor dem Abflug bekam Nicole wieder Angst. Sie war in Gedanken schon auf dem Rückflug. Wie würde das Flugzeug aussehen? Das Ganze noch einmal? Hatte die Fluggesellschaft nur solche Maschinen? Sie machte sich viele Gedanken. Sie musste doch heil wieder zu ihrer Familie. Was würde aus ihrem

Kind, wenn sie nicht mehr da wäre? Wenn sie alleinstehend wäre, hätte sie weniger Angst, signierte sie vor sich hin. Der Rückflug jedoch gestaltete sich sehr ruhig und die Maschine war widererwarten in Ordnung.

Nicole hatte einen Tag nach ihrer Ankunft in Istanbul einen merkwürdigen Husten, der sich im Laufe der Woche immer mehr verschlimmerte. Was Nicole da noch nicht wusste, war, dass sie noch einen großen Kampf ums Überleben führen sollte. Dieser würde fast ein halbes Jahr dauern.

Durch die defekte Klimaanlage im Flugzeug, hatte Nicole sich

einen Pilz auf ihrer Lunge zu-
gezogen.

Übrigens zwei Wochen nach
Nicols und Werners Flug wurde
der Flugverkehr der Airlines
eingestellt.

Erwin

Hallo, ich bin ein ca. ein Meter fünfzig großer Schneemann aus Plastik und stehe in einem großen Geschäft, das vollgestopft ist mit Neonreklame-Leuchten. Da stehen große Rentierschlitten, Coca-Cola-Flaschen und andere leuchtende Dinge in meiner Umgebung. Alle sind grell und bunt. Ich bin weiß und kugelrund, habe einen schwarzen Hut auf und einen großen roten Schal an. Ach ja, da ist noch meine orange-leuchtende Karottennase. Ich sehe auf den zweiten oder doch vielleicht ersten Blick echt aus. Da ist zu einem echten Schneemann nur ein Unterschied, ich schmelze nicht bei Plustemperaturen. O.K., bei mir kann mal eine Sicherung durchbrennen. Aber das ist wohl sehr selten.

Eines Tages kam eine junge Frau und begutachtete mich. Ihre Mutter hatte sich - weil es in ihrem Ort wohl gerade „in" war, so was Ähnliches wie mich, schon seit einiger Zeit, gewünscht. Da hatte ihre Tochter wohl die Idee, ihren Wunsch zu Weihnachten zu erfüllen. Sie begutachtete mich und fand mich wohl als geeignet. So kam ich zu meinem neuen zu Hause. Die Freude der Mutter war groß, als sie mich Weihnachten auspackte. Nur der Hausherr mochte mich nicht. Er fand mich etwas kitschig.

Ich hatte es gut. Ich wurde über Jahre am Anfang der Adventszeit vom Dachboden, der übers Jahr mein Domizil war, herausgeholt und auf den überdachten Balkon gestellt. Ich wurde abgeputzt, gehegt und gepflegt, bis eines Tages ich bemerkte, dass ich an mindestens drei Winter nicht mehr benötigt worden war. Ich wunderte mich. Was war geschehen? Ich vermisste meine Ausflüge auf den wunderschönen, überdachten Balkon. Eines Tages hörte ich, wie man über mich redete. Die Leute, vor allen Dingen die Dame, die mich so sehr liebte, war wohl nicht mehr da. Sie war genauso, wie ihr Mann verstorben. Ich sollte nun mit anderen Gegenständen des Hauses entsorgt werden. Keiner wollte mich haben. Bis dann doch die Person, die mich auch gekauft hatte, zu sich nahm. Sie schien mich genauso zu lieben, wie die Vorbesitzerin.

Sie nahm mich mit. Genaugenommen packte mich ihr Ehemann in sein Auto. Da die beiden zu Miete wohnten und, wenn ich dort im Winter nicht auf dem Balkon stand, hatte man für mich drinnen keinen Platz. Deshalb durfte ich einen ganzen Sommer lang als Beifahrer im Auto mitfahren. Wenn wir an einer roten Ampel anhielten, schauten die Leute immer sehr belustigt zu uns rüber. Das gefiel mir und auch dem Fahrer des Wagens.

Eines Tages zog ich mit meinen beiden Besitzern in ein großes Haus und dort bekomme ich jeden Winter meinen Platz unter einem großen Vordach, vor der Haustür. Eines Tages bekam ich sogar noch einen kleinen Kumpel als Gesellschaft. Sie nannten ihn „klein Erwin". Ach ja, meine erste Besitzerin gab mir den Namen „Erwin". Ich und „klein Erwin" werden gehegt und gepflegt. Unsere Besitzer haben uns gerade wieder abgewaschen und schön verpackt in den Abstellraum gestellt. Durch die gute Pflege sehen wir noch aus wie neu. Ich denke, sie werden noch viele Jahre Freude an uns haben.

Frühlingserwachen

Der Winter verlässt uns sehr leise. Hier und da gibt es noch ein paar kleine Schneeflächen. Nein, Schnee ist es nicht mehr. Es sind kleine Eisklumpen, deshalb sind sie noch nicht geschmolzen. Es ist nun Februar und wir Menschen sehnen uns nach der Wärme, der Sonne, dem satten Grün der Wälder und Wiesen und der Vielfalt der vielen bunten Blumen, die nun ganz zaghaft, zuerst mit einem kleinen Stängel und kleinen Blättchen aus der Erde hervorschauen. Sie wissen noch nicht so genau, soll ich mich nun rauswagen oder soll ich doch noch lieber in der Erde bleiben?

Wird es noch einmal schneien?
Wird es Frost geben?

Die kleinen Schneeglöckchen sind die mutigsten. Sie trauen sich als erste nach oben an die frische Luft. Ja, frische Luft. Die Temperaturen sind immer noch einstellig und der Wind lässt die kleinen Stängel hin und her wiegen. Die Luft ist zu dieser Jahreszeit noch sehr frisch. Aber immerhin sind es Plustemperaturen. Die kleine Krokuspflanze ärgert es, dass das schöne weiße Köpfchen des Schneeglöckchens schon die Welt jenseits der Erde betrachten kann. So beschließt es, sich ebenfalls auf den Weg nach oben zu machen. Im Gegensatz zum Schneeglöckchen kann es in Gelb und einem schönen Blau/Lila leuchten. Die ein oder anderen Verwandten der kleinen Frühblüher sind im Winter dem Hunger der Wühlmäuse zum Opfer gefallen. Es ist Karneval und genau um diese Zeit machen sich jedes Jahr unsere Frühblüher auf den Weg, um uns Menschen zu erfreuen.

Wobei das Efeu, als immergrüne Pflanze - es ist nun mal keine Blume - es hat keine Blüte, zu den ersten Blümchen des Jahres ein wenig herabblickt. Ihm macht das kalte Wetter des Spätherbstes und des Winters nichts aus. Es wächst weiter und weiter.

Nach unseren beiden „Erstblühern" recken nacheinander die Primeln, Gänseblümchen, Narzissen, Osterglocken und Tulpen ihre neugierigen Blütenkelche in den Himmel. Es wird bunt. Die Vögel zwitschern und sind auf der Suche nach Nistmaterial. Es wird nicht lange dauern und überall in den Nestern hört man ein leises Zwitschern. Die winzigen Vögelein - noch federlos - sind aus ihren Eiern geschlüpft und rufen nach Nahrung.

Wir haben das Bedürfnis raus in die Natur zu gehen. Vorbei die Zeit, in der wir uns die meiste Zeit drinnen aufhalten. Frühlingsgefühle erwachen und damit aber auch die

Frühjahrsmüdigkeit. Da ist es vorerst bei vielen von uns vorbei mit dem Erwachen. Die Lebensgeister werden jedoch durch die warmen Strahlen der Sonne wiedererweckt. Wir genießen es im Straßencafé zu sitzen, um das erste Eis zu essen.

Die ersten Insekten sind erwacht. Zum Leidwesen des einen oder anderen, da die ersten Mückenstiche nicht lange auf sich warten lassen.

Im April erfreuen uns die Tulpen in all ihrer Farbenpracht. Es wird Ostern und die neugeborenen Häschen, Kaninchen und Lämmchen bevölkern die Wiesen. Wir malen und verstecken buntgemalte Eier, gehen zum Osterfeuer, um endgültig dem Winter den Garaus zu machen. Und da wartet er schon der Mai. Die Knospen der Bäume sind aufgesprungen und kleine, zartgrüne Blättchen erblicken das Licht der Welt und die Obstbäume fangen an zu blühen. Nun ist die Zeit gekommen, dass viele Birken ihr Leben lassen müssen, um uns als Maibaum zu erfreuen. Wir trinken köstliche Maibowle und gehen in den Wald Maiglöckchen pflücken, essen Spargel und gehen Erdbeeren pflücken. Schmetterlinge umkreisen den wohlduftenden Flieder und Magnolien öffnen ihre Blüten für nur eine kurze Zeit. Da wir Menschen in dieser Zeit vom

Glück beflügelt sind, haben die Standesämter Hochkonjunktur.

Mit schnellen Schritten schreitet die Natur auf den Sommer zu. Die Blüten der zauberhaften Frühlingsblumen, die sich mit uns vom Winter verabschiedet haben und uns auf den bevorstehenden Sommer eingestimmt haben, sind verwelkt. Manche kommen in die Biomülltonne, andere auf den Komposthaufen und wieder andere schaffen es im nächsten Jahr wieder zu neuem Leben zu erwachen, um uns Menschen, mit ihren Farben und Duft, zu erfreuen. Und so dreht sich das Karussell des Lebens weiter. Jahr für Jahr.

Morgenspaziergang
im
Frühling

Ich erwache und die Sonne kitzelt meine Nase. Der Hahn auf dem benachbarten Bauernhof kräht aus vollem Hals. Da springt auch mein Wecker schon an. Ein Walzer ertönt aus dem Radio. Draußen singen die Vögel ebenfalls im Duett. Dies alles bewirkt, dass ich aus meinem Bett springe und vor dem Spiegel Walzer tanze. Aber kenne ich diese Frau, die dort in den Spiegel schaut? Die Haare stehen in alle Himmelsrichtungen ab. Sie erinnert mich irgendwie an Pippi Langstrumpf, nur meine Haare sind nicht rot, sondern blond. Der Hund hat nun auch schon bemerkt, dass dies wohl ein schöner Tag wird und reckt sich genüsslich in den Strahlen der Sonne, die durchs Fenster fallen. Er reckt mir seine Pfote entgegen und wir beide tanzen zusammen im Walzertakt in den Morgen. Schnell waschen, anziehen und frühstücken, dann geht es hinaus, um den schönen Frühlingsmorgen zu begrüßen. Da wir in einem kleinen Ort, in einer hügeligen Landschaft, welche bedeckt ist mit Wiesen, Feldern und Wald wohnen, sind mein Hund und ich schnell in der Natur. Zuerst gehen wir durch ein Stück Wald, in dem die Sonne durch die Baumwipfel schaut. Rechts ist ein kleiner Bach, der seinen Weg kreuz und quer über Steine sucht. Links fließt von einer Quelle, die nun fünfzig Meter vor uns liegt, ein kleines Rinnsal bis zum Ortseingang. Mein Hund läuft zur Quelle und trinkt das saubere Wasser, das von einem Hügel durch viele Steine hindurch seinen Weg bis zum Austritt gefunden hat. Man erzählte mir, dass diese Quelle in früheren Jahren den ganzen Ort mit Trinkwasser versorgt habe. Wir gehen den Weg weiter und kommen nun zu den Feldern. Rechts und links Wiesen, soweit das Auge reicht. Sie sind voller gelber Löwenzahnblüten. Das saftige Grün der Wiesen und das Gelb des Löwenzahns verschmelzen zu einem Bild, das man festhalten möchte, für immer und ewig. Leider ist es nicht von langer Dauer. Dann gibt es nur noch Pusteblumen und andere Gewächse folgen nach. An einem Graben sehe ich eine sehr einsame Pusteblume. Die erste die ich hier sehe. Ich schaue mich um, ob nicht doch hier, wo ich doch ganz alleine bin, außer meinem Hund, jemand ist. Nein, hier ist niemand und schon gar nicht, so früh am Morgen. Ich bücke mich und reiße die einsame Pusteblume ab und fange an zu pusten. Tausende kleine Fallschirme fliegen davon. Ich schaue ihnen mit einer kindlichen Glückseligkeit hinterher. Wir gehen weiter und dort kommt ein ganzes

Feld mit Klee. Ich fange an zu suchen, ob nicht doch irgendwo ein vierblättriges Kleeblatt zu finden ist. Aber dieses Glück bleibt mir versagt. Beim Weitergehen entdecke ich eine Wiese, die über und über mit Wiesenschaumkraut bedeckt ist. Die kleinen Blüten an den zarten Stängeln wiegen sich im Wind hin und her. Ihre weißen, rosa und helllilafarbenen, vielen kleinen Blüten sehen von weitem aus, als würde die Wiese aus einem Schaumteppich bestehen. Woher auch der Name stammt. 30 m entfernt grasen drei Rehe. Ach habe ich schon erwähnt, dass wir ebenfalls einem Hasen und einer Maus begegnet sind.

Morgen werde ich den Fotoapparat mitnehmen und werde Makroaufnahmen von den wunderschönen Pflanzen machen.

Mein Hund und ich stehen nun auf einer Erhebung von ca. 300 m und genießen die Ruhe, lassen die Seele baumeln. Wir lassen uns genüsslich auf dem noch kalten, morgendlichen Boden nieder und hören dem Gesang der Vögel zu. In der Ferne erhebt sich auf einem weiteren Hügel eine große Streuobstwiese. Die Baumkronen erstrahlen in rosa, rot und weiß. Die Bäume erinnern mich aus der Ferne an die Zeit der Kirchblüte, in Japan. Ich denke an das Lied „What a Wonderful

World…" von Louis Armstrong. Ich höre ihn singen…

Meine Gedanken schweifen ab, in eine andere Welt. Eine schönere, friedlichere Welt; kein Ärger, kein Stress, keine Sorgen, kein Neid, keine Hungersnöte, keine Kriege. Hier in der freien Natur ist die Welt noch in Ordnung, soweit der Mensch sie in Ordnung lässt. Wie heißt es doch so schön: „Die Natur kann ohne den Menschen, aber der Mensch nicht ohne die Natur". Wieder zu Hause angekommen fühle ich mich glücklich und froh, habe all den Ärger vergessen, den uns unsere Mitmenschen - vielleicht ohne es zu wollen - bereiten. Ich hoffe, dass es morgen nicht regnet.

Denn für mich gibt es nichts SCHÖNERES, als ein sonnen-durchfluteter Frühlingsmorgen in der erwachenden Natur.

Erinnerungen an eine zauberhafte Adventszeit

Es waren die fünfziger Jahre. Alles war im Auf- und Umbruch. Täglich hing ich mit meinen kleinen Ohren am Radio. Dieses war groß und braun und was aus den Lautsprechern drang war eine Sprache, die ich nicht verstand. Heute weiß ich, dass es ein amerikanischer Sender war und wenn ich da so gerne singen hörte: Es waren Elvis, Buddy Holly, Bing Crosby und viele andere, die ich auch heute noch gerne höre.

Ich erinnere mich noch genau: Es war Anfang Dezember, St. Martin war vorbei und nun begann die Vorweihnachtszeit. Diese wunderschöne, mystische, verzauberte Zeit, die ich als Kind über alles liebte und auch noch heute sehr liebe.

Mama stellte mich - wie jeden Morgen - auf den Küchenstuhl unserer kleinen Küche. Doch diesmal war es anders. Da hing er, mein Adventskalender. Er strahlte mich an. Da lag sie vor mir diese wunderschöne Glitzerwelt. Dort liefen Kinder mit ihren Eltern Schlittschuh auf einem zugefrorenen Weiher. Die Bäume und Büsche, die sich um den Weiher versammelt hatten, trugen eine dicke

Schneeschicht und am grau-
blauen Himmel lugten kleine
Engel, hinter den Wolken, her-
vor. Aus den Wolken fielen
kleine Schneeflocken, auf die
Landschaft herab. Hinter dieser
wunderschönen, mit viel Glitzer
versehenen, Landschaft ver-
bargen sich 24 Türchen. Mama
erklärte, dass heute der erste
Dezember sei und ich von nun
an jeden Tag ein Türchen auf-
machen dürfe. Wenn das letzte
Türchen offen wäre, käme das
Christkind. Es dauerte eine
Weile bis meine kleinen Finger
das Türchen auf hatte. Hinter
diesem verbarg sich ein kleiner
Teddybär. Ich freute mich sehr
und hüpfte von einem Fuß auf
den anderen.

So, meinte Mama:

„Ich lerne dir jetzt ein schönes Weihnachtslied, was wir dann unter dem Tannenbaum mit Papa gemeinsam singen werden."

Ich war begeistert und so brachte sie mir in den nächsten Tagen, beim Anziehen auf dem Küchenstuhl, mit Blick auf meinen funkelnden Adventskalender, das Weihnachtslied „Leise rieselt der Schnee" und später noch das Weihnachtslied „Kling Glöckchen, kling…" bei.

Es lag in dieser Zeit was Besonderes in der Luft. Es wurde kälter und man konnte den Schnee schon riechen.

Ich fragte jeden Morgen, wenn meine Mutter mich weckte:

„Mama, ist es weiß? Hat es geschneit?"

Und tatsächlich weckte sie mich an einem Morgen - es muss kurz vor Nikolaus gewesen sein - sie gab mir einen Kuss und sagte:

„Na, frag schon, ob es geschneit hat. Komm steh schnell auf und sieh selber nach."

Ich sprang auf ihren Arm und sie ging ganz langsam mit mir zum Schlafzimmerfenster. Ich konnte es kaum glauben. Alles sah wie verzaubert aus. Es sah draußen so aus, wie auf meinem Adventskalender. Einfach magisch.

„Mama fahren wir heute Schlitten?",

fragte ich sie und sie antwortete,

„Ja, heute nach dem Mittagessen gehen wir mit dem Schlitten durch den Park zum Schloss. Dort sind am Schloss viele Hügel und sicherlich ist auch der Schlossgraben zugefroren."

Danach stand ich erwartungsvoll mal wieder auf meinem Küchenstuhl und machte ein Adventskalendertürchen auf. Dabei sang ich mit Mama mein Lieblingslied „Leise rieselt der

Schnee". Nachdem ich gefrühstückt hatte, klebte ich förmlich mit meinem Kopf wieder am Radio und hörte diese herrliche Musik. Mittlerweile wurden nun oft Weihnachtslieder gespielt. Die mir allerdings damals auch fremd waren. Es klang jedoch in meinen Ohren sehr feierlich. Ich konnte es kaum erwarten bis das Mittagessen vorbei war. Mama zog uns beide warm an und dann ging es los.

Sie setzte mich auf den Schlitten und zog mich zum Schloss. Als der erste Hügel sichtbar war, nahm Mama Anlauf und sprang schnell zu mir auf den Schlitten. Im nächsten Moment sausten wir durch die wundervolle, weiße Winterwelt, den

Hügel hinab. Es fühlte sich gut an, als ein kalter Lufthauch mein Schal hochschmiss. Diesen Schal besitze ich übrigens heute noch. Als Bild auf einer Leinwand habe ich ihn festgehalten und immer in der Weihnachtszeit hänge ich den so verewigten Schal, irgendwo an einen schönen Platz im Haus auf.

Mama sauste so - ich weiß nicht, wie oft - mit mir den einen oder anderen Hügel hinab. Der Schlossgraben war zugefroren und es tummelten sich viele Kinder und Erwachsene auf ihm. Meine Mama schlitterte übers Eis und machte eine Bahn. Dann nahm sie mich bei der Hand und ich sauste mit ihr übers Eis. In der Dämmerung fing das Eis an zu glitzern, wie auf meinem Adventskalender.

Als Mama mich auf dem Schlitten nach Hause zog, sagte ich

„Mama, gehen wir Morgen wieder Schlittenfahren?",

worauf sie antwortete,

„Ja natürlich, das machen wir jetzt jeden Tag, bis der Schnee schmilzt."

In den folgenden Nächten schneite es und der Schnee wurde immer höher. Er blieb liegen bis Ende Januar. Wenn wir früher nach Hause mussten, weil Mama noch einkaufen musste und Oma auf mich aufpasste, saß ich auf unserem

Küchentisch am Fenster und schaute auf die Straße. Den in der Dunkelheit vorbeifahrenden Personenwagen und LKWs schaute ich mit Andacht nach. Fast alle Fahrzeuge hatten kleine, beleuchtete Tannenbäume auf dem Armaturenbrett stehen. Bunte kleine Lichter funkelten und rauschten im Dunkeln davon. Ich hätte ihnen stundenlang zuschauen können.

Am 4. Dezember schaute die Heilige Barbara nachts vorbei. In ihrem Gepäck waren Äpfel, Mandarinen, Gebäck und Nüsse. Einiges von den wohlriechenden, leckeren Sachen fanden ihre Zuflucht in meinen Pantoffeln. Meine Freude darüber war riesig. Schon zwei Tage später kam der Nikolaus. Der hatte immer den Knecht Ruprecht dabei. Ich weiß nicht mehr, wie oft ich am Nikolausabend rausgeschaut habe, um die Beiden zu sehen. Gesehen habe ich sie nie, aber die Ketten von seinem Gehilfen habe ich schon rasseln gehört. Was würde wohl am nächsten Morgen auf dem Küchentisch liegen? Ein paar neue Handschuhe oder ein Bilderbuch oder, oder…? Aber sicherlich ein Teller mit Süßigkeiten.

Diesmal saß ein kleiner Plüschaffe neben meinem prall gefüllten Teller. Er war super weich und hatte lange bewegliche Arme und Beine. Viele Jahre war er mir ein treuer Spielgefährte. Später, als ich schon in der Schule war, tauschte ich ihn gegen zwei kleine goldverzierte Mokkatassen ein. Wie lange er noch bei meiner Schulkameradin gelebt hat, ist mir nicht bekannt.

Heiligabend war dann der Höhepunkt. Ein in Kerzenlicht getauchter Baum, dessen Kugeln sich im Licht spiegelten. Da stand ich nun vor diesem wunderschönen Baum und sang mit meinen Eltern mein Lieblingsweihnachtslied. Und da saß sie, meine Puppe, meine Susi, die ich dem Christkind gegeben hatte, damit sie neue Kleider bekam. Sie hatte eine wunderschöne Skihose und ein aufwendiges Cape an. Unterm Cape schaute ein selbstgestrickter Rollkragenpullover hervor. Sie hatte außerdem neue Schuhe, eine Tasche und noch eine komplette Ersatzausstattung bekommen. Meine Freude war unbeschreiblich.

Einige Jahre blieb dieser Advents- und Weihnachtszauber noch erhalten. Doch mit dem Älterwerden erlosch er.

Leidenschaftliche Begegnung

Ihr Vorname war Ayse, was so viel bedeutet wie fröhlich, lebensfroh und lebendig. Das Leben was Ayse führte, passte allerdings nur zur Hälfte zu ihrem Namen.

Ihr Mann Avni lebte seinen muslemischen Glauben, für seine Zwecke, bis aufs Äußerste aus. Ayse trug selbst zu Hause ihr Kopftuch und ihr langes Kleid. Tagsüber arbeitete Avni bei einem amerikanischen Autohersteller in der Montage. Es war eine eintönige Arbeit, genauso eintönig wie sein Sexleben mit Ayse, welches nur einmal im Monat, in der Dunkelheit des Schlafzimmers, stattfand. Was Avni allerdings nicht wusste, war das geheime Doppelleben von Ayse.

Wenn ihr Mann morgens zur Arbeit fuhr, setzte sie sich in die Bahn und fuhr aus dem Arbeiterviertel des Kölner Nordens in den Kölner Westen, in ein großes Einkaufszentrum. Dort verwandelte sich Ayse in eine hübsche, junge Frau, deren Sexappeal jedem Mann den Verstand raubte. Sie hatte sich heimlich ihre üppigen Lippen noch ein wenig aufpolstern lassen. Was ihrem Mann nicht auffiel, aber der restlichen Männerwelt umso mehr. In der Eisdiele, wo sie ihrer heimli-

chen Arbeit als Kellnerin nach-
ging, war sie sehr beliebt, da
sie die Kunden zum Wieder-
kommen animierte. Ihr Minirock
war sehr kurz und hatte in der
Mitte hinten noch einen kleinen
Schlitz. Wenn sie sich über den
Tisch beugte, zum Abkassieren
oder um den Tisch zu säubern,
konnte man fast in die Ritze der
Pobacken schauen. Ihre Beine
waren lang und wohl geformt.
Sie war sexhungrig, was sie
durch ihr Aussehen auch der
Männerwelt suggerierte. So
verbrachte seit einiger Zeit ein
jugendlich wirkender Mittvierzi-
ger seine Mittagspause in der
Eisdiele. Er arbeitete als Fili-
aleiter in einer in der Nähe an-
sässigen Bank. In jeder Mit-
tagspause trank er dort seinen

Cappuccino. Dabei beobachtete er Ayse. Jedes Mal, wenn sie sich über einen Tisch beugte, stellte er sich vor, wie er sie von hinten nehmen würde. Wie er einmal hart und einmal sanft in sie eindringen würde. Ihm wurde es jedes Mal bei dem Gedanken heiß, sehr heiß.

Er freute sich schon am Morgen auf seine Mittagspause. Seine Kollegen wunderten sich schon sehr über die frohe Laune ihres Chefs.

Ayse hatte schon sehr früh bemerkt, dass der Herr in Anzug und Krawatte sie mit den Augen auszog. Aus diesem Grund versuchte sie immer in der Nähe seines Tisches, besonders schlüpfrig zu wirken. Sie öffnete ihre Bluse noch um einen Knopf mehr und ließ tiefe Einblicke in ihr wunderschönes Dekolleté frei. Ihre vollen Lippen bekamen noch eine Umrandung in einer dunkleren Farbe, so dass sie noch praller wirkten. Es knisterte zwischen den Beiden. Ayse hatte es so noch nicht erlebt. Bisher hatten die Männer ihr einen Zettel in die Hand gedrückt, mit der Handynummer oder sie ganz unverblümt gefragt, ob sie sie nicht irgendwo treffen könnten. Irgendwie hatte sie es bisher auch immer wieder machbar gemacht, den einen oder anderen, der Herren, zu treffen. Was immer in zahlreichen Sexspielchen endete. Sie war für diese

Männer nur ein Sexspielzeug, was allerdings genauso für sie zutraf. Sie lebte ihre Phantasien aus. Was, wie Ayse meinte, auch ihr gutes Recht als Frau war. Sie war zwar von Geburt an Muslima, aber die Religion war ihr egal. Sie war das genaue Gegenteil ihres Mannes. Sie liebte die Freizügigkeit, die ihr eine Stadt wie Köln bot. Vor 15 Jahren waren sie in diese wunderschöne, multikulturelle Stadt gezogen und das war gut so.

Heute hatte Ayse ihrem „Dauerkunden" beim Geldwechseln sanft die Oberfläche seiner Hand berührt. Sie bemerkte dabei, wie ihm die feinen Härchen seines Handrückens in die Höhe schossen. Gleichzeitig bemerkte sie, wie es eine fast faustgroße Wölbung in seiner Hose gab. Sie lächelte ihn verführerisch an und fast hätte er sich nicht halten können und sie mitten im Eiscafé, auf einen der leeren Tische, „vernascht". Nein, das durfte nicht sein. Er befahl seinem Gehirn, an was anderes zu denken. Es gelang ihm nur fast. Mit einem verkrampften Lächeln verabschiedete er sich. Sein Ziel war, die in der Nähe gelegene Toilette des Einkaufszentrums. Er schaffte es dort gerade noch, seine Hose zu öffnen, als auch schon ein schwall seines Saftes seine Männlichkeit verließ und das kostbare Gut in der Toilette verschwand. Als er wieder denken konnte, war er nur noch froh, dass seine Hose nichts abbekommen hatte. Zuerst dachte er daran, sich noch einen Cappuccino zu gönnen, um dann vielleicht noch einmal die Toilette aufzusuchen. Aber dann kam er in die Realität zurück. Als er auf seine Uhr schaute, musste er feststellen, dass seine Mittagspause fast zu Ende war.

Den ganzen Nachmittag – selbst beim Meeting – konnte er sich nicht konzentrieren. Er musste ständig an das Geschehene denken. Ayse hatte ihn so angemacht, dass er ständig an Sex mit ihr denken musste. Bisher hatte Sex für ihn keine Rolle gespielt. Die

Kellnerin aus der Eisdiele hatte bei ihm etwas ins Rollen gebracht, was er nie für möglich gehalten hatte.

Er verbrachte weiterhin - mit Vorfreude - jede Mittagspause im Einkaufszentrum, in der Eisdiele, bei seiner heimlichen Geliebten. Ayse ging es nicht anders. Sie schaute schon Stunden vorher immer auf die Uhr, ob er es nun bald erscheinen würde.

Sie ließ sich immer andere Sachen einfallen, wie sie ihn stimulieren konnte. Hier eine sanfte Berührung am Arm, am Bein, am Kopf. Und immer entschuldigte sie sich, für ihre angebliche Ungeschicktheit. Es befriedigte Ayse ungemein, wenn sie bemerkte, wie ihr Opfer zitterte und sich fast nicht mehr unter Kontrolle hatte. Sie hatte allerdings seit ihrer Begegnung mit diesem Unbekannten jeder anderen Versuchung widerstanden. Es reichte ihr zwischen den Beinen feucht zu werden und einen Orgasmus zwischen all den vielen Eis essenden, kakao- und kaffeetrinkenden Menschen zu bekommen. Sie konnte es bisher so kaschieren, dass es niemand bemerkte. Was ihr ebenfalls viel Freude bescherte.

Was sie jedoch nicht wusste, dass sie ausgerechnet bei der Bank ihr Konto hatte, wo ihr heimlicher Sexpartner als Filialleiter arbeitete. Eines Tages musste sie wegen ihres Kontos, wovon ihr Mann nichts wusste - weil dort ihr Verdienst aus der Eisdiele hinfloss - etwas klären. So nahm sie sich an diesem Morgen frei und ging zur Bank. Sie musste warten und man bot ihr etwas zu trinken an. Als sie einen Schluck aus ihrem Wasserglas genommen hatte, ging die Tür auf und er kam heraus.

Er begrüßte sie mit einem gespielt kalten Lächeln. Ayse zog es fast die Beine weg. Als er die Tür hinter ihnen schloss, drehte er gleichzeitig den Schlüssel um. Er kam auf sie zu und umarmte sie leidenschaftlich, während ihre beiden

Münder sich aneinander saug-
ten.

Der lebendige Tod

Die Geschichte erzählt von Leni, Lothar und Jupp. Die drei leben in einem beschaulichen, kleinen Örtchen, vor den Toren Kölns. Leni und Lothar, die Eltern vom 45jährigen Jupp, leben des langen Ehelebens satt, nur noch, um sich täglich das Leben mit Zanken zu versüßen. Da Leni und Lothar Rentner sind und keine Hobbys haben, ist das Zanken und die Sorge, um den in die Jahre gekommenen Sohn, alles was man noch gemeinsam hat. Jupp der sein „Hotel Mama" über alles schätzt, liebt es in seiner Freizeit die nahe gelegene Wirtschaft „Whisky Jo" aufzusuchen, um dort sein sauer verdientes Geld, was er als „Klinkenputzer" erhält, in Whisky anzulegen. Wenn er dann „HOCHACHTUNGSVOLL" den Heimweg nach Hause antritt, überlegt er sich oft schon unterwegs, wie er seine Eltern zu Hause „fertig" machen kann. Nachdem er seinen Frust heruntergespült hat, ist dies noch seine einzige Ablenkung. Zu Hause angekommen fängt Jupp zuerst einmal Streit mit Mama Leni an. Nachdem Vater Lothar auch noch eingreift, endet das Ganze in einer wüsten Schlägerei. Leider kommt dies sehr häufig vor. Leni hat diesmal die Nase voll. Sie überlegt, wie sie diesen Fiesling von Sohn endlich loswerden kann. Es fällt ihr nichts ein, was solche Nachwirkungen haben könnte, dass er sich endlich vom „Acker" macht und sich eine neue Bleibe sucht.

Einige Tage vor einem dieser Vorfälle, hatte Lothar eine leere Spirituosenflasche – sie war mit der Etikettenaufschrift „Whisky" versehen - mit Unkrautvernichtungsmittel gefüllt. Er wollte damit endlich dem sich ständig ausweitenden Unkraut, im Garten, den Garaus machen. Einen Monat später lag Jupp, an einem wunderschönen Sonntagmorgen, reglos in seinem Bett. Leni fand ihn steif und kalt vor. Aus seinen Mundwinkeln war eine schillernde Masse ausgetreten und die Gesichtsfarbe hatte einen seltsam grünbläulichen Touch. Die Polizei stellte später fest, es war ein Unfall. Jupp hatte versehentlich den falschen Whisky verkostet und so konnte das Pflanzenvernichtungsmittel bei Jupp seine kolossale Wirkung zeigen.

Leni war insgeheim froh, dass alles so gekommen war. Die Eltern entschieden, dass Jupp an seinem Ableben selber Schuld habe. Das Leben der Beiden ging weiter und wurde noch eintöniger. Leni trat in die Fußstapfen ihres Sohnes. Sie trank nicht, sie soff und wurde immer unangenehmer für die Menschen in ihrer Umgebung.

Vom Geld aus Jupps Lebens-
versicherung kaufte Leni sich
eine Eigentumswohnung. Sie
lag 30 km weit entfernt von ih-
rem Heimatort. Lothar hatte die
Gelegenheit beim Schopf ge-
nommen, um endlich Ruhe in
sein Leben zu bringen. Er hatte
ihr deshalb den Vorschlag ge-
macht und Leni war von der
Idee, Mann, Haus und Monoto-
nie zu verlassen, total begeis-
tert.

Fast drei Jahre waren seitdem
vergangen. Leni hatte durch ih-
re „Sauf-Eskapaden" mittlerwei-
le große gesundheitliche Prob-
leme. Seit neuestem be-
heimatete ihr Herz ein Herz-
schrittmacher. Eine Annähe-
rung zu Lothar, war mittlerweile

ihrerseits auch zu beobachten. An manchen Wochenenden zog es sie wieder zu ihrem Lothar. So auch an diesem Wochenende. Sie war noch immer sehr mürrisch und selten gut gelaunt. So, dass Lothar immer wieder froh war, wenn sie wieder die Rückfahrt zu ihrem neuen Domizil antrat.

An jenem verhängnisvollen Sonntagmorgen wollte Lothar seine „alte Hexe", wie er sie immer nannte, wecken. Oh, was war das? Seine „alte Hexe" war kalt und starr. Sie hatte wohl irgendwann in der Nacht ihren letzten Atemzug getan. Über diese Begebenheit war Lothar nicht gerade unglücklich. So früh wie möglich sollte nun die Beerdigung stattfinden, damit er endgültig Frieden von diesem verdammten Pack hatte. Er schaffte es, dass die Beerdigung schon nach zwei Tagen stattfand. „Connections sind alles", das war schon immer seine Devise.

Die Außentemperatur war auf minus 7 Grad gefallen. Die Erde war hart gefroren. Der Winter hatte mit voller Wucht zugeschlagen. Es war der Tag der Beerdigung von Leni. Alle Verwandten hatten sich am Grab versammelt und heuchelten Trauer. Die Trauergemeinde fror und zitterte um die Wette. Die Tränen liefen, wenn auch nicht aus Trauer. Der Himmel war grau und Schnee lag in der

Luft. Der Pastor betete einen Tick zu schnell. Auch er wollte diesen frostigen, trostlosen Ort, so schnell als möglich, verlassen. Es herrschte eine Grabesstille und man hörte nur die Worte des Pastors. In diese Stille klopfte es plötzlich. Einmal, zweimal, dreimal... Dann hörte man wiederum ein Kratzen und Schaben, als wenn jemand sich im Innern des Sarges am Deckel zu schaffen machen würde. Das Grauen und der Schrecken fuhren allen in die durchgefrorenen Glieder. Alle hörten nur noch auf die Geräusche, die aus dem Loch mit dem Sarg kamen. Einige, verlangten, nach dem ersten Schrecken und Schock, vom Bestatter den Sarg hochzuholen und zu öffnen. Dieser weigerte sich jedoch und behauptete, das Holz des Sarges würde bei dieser Kälte arbeiten. Lothar, der regungslos dastand, war sprachlos. Er war zur Salzsäule erstarrt. War er doch so froh über Lenis ableben gewesen und jetzt...? Was jetzt? Als er endlich, als Neuwitwer gefragt wurde, ob er auch der Meinung sei, dass der Sarg nochmals geöffnet werden sollte, verneinte er. Er sagte nur sehr kleinlaut:

„Es ist sicherlich das Holz, was arbeitet".

Der ganze Spuk war nach gefühlten zehn Minuten vorbei.

Nach langer Zeit waren immer noch die meisten der Teilnehmer, an Lenis Beerdigung, der Überzeugung, dass der Herzschrittmacher der vermeintlich Toten wieder angesprungen sei und sie lebendig begraben worden sei. Eine Woche später fand man Lothar tot auf Lenis Grab liegen.

Der Leitwolf I

So lernte ich den sogenannten „Leitwolf" unserer Abteilung kennen. Er stürmte in mein Büro und ließ sich in den Besuchersessel fallen. Ich war gespannt auf seine „Antrittsrede".

„So ich bin ihr neuer Chef. Ab jetzt weht hier ein anderer Wind."

Das war's!

Wir wussten bis dahin nicht einmal, dass wir einen neuen Chef bekommen sollten. Nun ja, ändern kann man nichts an solch fatalen Änderungen. Er kam und war ab sofort der selbsternannte „Leitwolf". Was er auch bei jeder Gelegenheit zu sagen pflegte. Er duldete keine Widerrede. Er wusste und konnte alles besser. Keiner in unserer Abteilung kannte sich damals mit Word, Excel, PowerPoint, Lotus Notes, Fax 400 und anderen modernen technischen Büromitteln aus. Das sollte nun alles anders werden. Gut, dass unser Leitwolf sich mit diesen Sachen auskannte. Eines Tages sollte ich einen Text schreiben, der mit Literaturhinweisen versehen werden sollte. Mittlerweile hatte ich mich „Learning by doing" in die PC-Materie eingearbeitet. Doch die Sache mit den Literaturhinweisen kannte ich noch nicht. Also ging ich zu meinem Chef und fragte ihn, ob er mir helfen könne. Er stand auf und stapfte wie ein Soldat zu meinem Schreibtisch. Setzte sich auf meinen Bürostuhl und setzte die Markierungen. Da er ziemlich korpulent und dick war, versperrte er mir die Sicht auf den Bildschirm, so dass ich nichts sehen konnte. Er stand also auf und sagte:

„So, haben sie es nun kapiert? Setzen sie sich hin und zeigen sie mir, ob sie es nun begriffen haben?"

Ich setzte mich hin und versuchte mein Glück. Natürlich konnte ich es nicht und er bekam einen Wutanfall und stieß mit seinem Ellbogen in meinen Busen, so dass ich vom Stuhl kippte und zu Boden fiel. Er setzte sich wieder auf meinen Stuhl und setzte die Literaturhinweise selbst ein. Schockiert stand ich auf. Ich war nun schon sieben Jahre in dieser Abteilung beschäftigt, aber das... Es dauerte einige Tage bis ich mich entschloss, mich einem anderen, befreundeten Abteilungsleiter anzuvertrauen. Er riet mir, unseren Justitiar zu kontaktieren. Was ich dann auch tat. Wenig später gab es ein Meeting zwischen dem „Leitwolf" und mir. Er entschuldigte sich und kam am nächsten Tag mit einer Flasche Sekt angewackelt. Wenig später bot er mir sein DU an. Von da an war ich raus, aus der „Schusslinie". Ich bekam viele Schulungen. Wurde seine „rechte Hand". Wir traten Weiberfastnacht in der Firma mit Sketchen, als Duo auf. Nichts ging mehr ohne mich. Die anderen Mitarbeiter sagten „Mama" zu mir, weil es bei unserem „Leitwolf" immer so klang, wenn er durch die Büros nach mir rief, als würde er nach seiner Mama rufen. Das Ganze ging an die Grenze meiner Kräfte. Bei den anderen Mitarbeitern blieb er leider weiterhin der „Leitwolf".

Eines Tages wurde es sehr laut im Büro unserer Sekretärin. Alle waren mucksmäuschenstill. Alle dachten, was da wohl wieder vorgefallen sei, was seinen Zorn so herausgefordert haben mag? Da ich aus eigener

Erfahrung wusste, wie cholerisch er war, bin ich doch hingegangen, um nachzusehen, ob alles in Ordnung war. Es war nichts in Ordnung. Er würgte sie gerade. Ich musste ihn mit Gewalt von ihr abhalten. Sie hatte wohl den Anordnungen des „Leitwolfes" nicht Folge geleistet. Derartige Geschichten passierten noch häufiger. Doch die Untergebenen des „Leitwolfes" waren zu ängstlich, etwas dagegen zu unternehmen. Sie hatten viel zu viel Angst um ihren Arbeitsplatz.

Eines Tages, war ich auf dem Weg zu einem Meeting

mit ihm. Es wunderte mich, dass die Tür zu seinem Büro zu war. Sie stand sonst immer offen. Er bestand darauf, dass alle Bürotüren unserer Abteilung offen waren, damit jeder auf Zuruf zu ihm eilen konnte und er natürlich alles von seinen Mitarbeitern mitbekommen konnte. Diesmal war alles anders. Als ich die Tür öffnen wollte, wurde sie von innen zugehalten. Ich blieb vor der Tür stehen und wartete. Es kam dann ein mir fremder Mann heraus und sagte:

„Bitte gehen sie wieder in ihr Büro. Ihr Personalchef

wird nachher mit ihnen und den anderen Kolleginnen und Kollegen noch spre-chen."

Ich bin dann wieder ins Bü-ro. Als ich dann ein wenig später zum Kopierer ging, kam unser „Leitwolf" mit einigen fremden Herren und unserem Personalchef aus seinem Büro. Er sagte zu mir, mit Tränen in den Augen:

„Bitte halte zu mir. Wir sind doch Freunde".

Ich wusste zwar noch nicht was passiert war, aber einst wusste ich, Freunde waren wir wohl nie so wirklich, da ich nicht viel von selbsternannten „Leitwölfen" halte. Später erfuhr ich dann, dass er Firmengelder unterschlagen hatte und verhaftet worden war.

Es wurde uns untersagt mit ihm zu sprechen. Er rief danach noch öfter an und ich musste ihm erklären, dass der Kontakt mit ihm, mich den Job kosten könnte.

Wir waren sehr froh, den selbsternannten „Leitwolf" wieder los zu sein. Sahen ihn nie wieder und wollten auch nicht wissen, was aus ihm geworden war.

Der Leitwolf II

Es ist November 2014. Nachts geht das Thermometer in Debrecen, der zweitgrößten Stadt Ungarns, schon nah an den Gefrierpunkt. Ich lege mich in eine geschützte Ecke des Bahnhofs, um ein wenig zu dösen. Sechs Jahre bin ich nun alt und lebe hier in dieser Stadt auf der Straße. Da viele Mitbewohner selbst nicht gerade üppiges Essen auf dem Teller haben, versuche ich mich mit kleinen Diebstählen über Wasser zu halten. Dies gelingt mir selten, da die Leute aufpassen. Wenn man mich erwischt setzt es immer wieder Hiebe. Ich denke nur an den letzten

Sommer. Im Juni bei den soge-
nannten „Truthahntagen", ei-
nem mehrtägigen Straßenfest
mit Trutzhahnspezialitäten, die
auf der Straße zubereitet wer-
den, war nicht mehr für mich
übrig als ein paar abgelutschte
Knochen. Doch, ein kleiner
Junge gab mir heimlich etwas
von seiner Köstlichkeit ab.
Beim Blumenfest, was immer
am 20. August gefeiert wird,
versuchte ich vor lauter Hunger
ein paar Blumen von einem ge-
schmückten Aufbau zu ergat-
tern. Die Ausbeute war mehr
als mager und bescherte mir
einige blaue Flecken und Prel-
lungen, da jemand mit einer
Holzstange auf mich losging.
Ich lag tagelang in einer Ecke
und konnte mich nicht mehr

bewegen. Jetzt steht wieder mal ein Winter vor der Tür und ich bin alleine und habe kein zu Hause. Während ich so über mich und mein Schicksal nachdenke, sehe ich aus einem Augenwinkel wie zwei Männer auf mich zukommen. Ehe ich mich versehe, haben sie mir ein Netz über den Kopf gezogen und zerren mich in einen kleinen Laster.

Oh, mein Gott, was ist jetzt los? Sie bringen mich in ein Gebäude, wo noch andere heimatlose Wesen stumm und starr vor sich hindämmern. Es ist kalt. Saukalt! Wir liegen auf dem nackten Betonboden. Essen und zu Trinken scheint es hier nicht zu geben. Sie wollen uns wohl verhungern lassen. Da ich eh schon ziemlich abgemagert bin, wird dies wohl nicht mehr lange dauern.

Ich weiß nicht wieviel Zeit vergangen war, als wiederum zwei Leute auf mich zukamen, mich auf den Arm nahmen und mich in ein Auto legten. Hier gab es sogar eine Decke, zum Zudecken. Diese Leute schienen freundlicher zu sein. Ich kam in einen warmen Raum und es gab was zu essen. Ich wollte nur noch schlafen. Egal, was mit mir nun passieren würde. Und es würde noch einiges geschehen, das spürte ich. Tage später kam ein Arzt. Ich wurde untersucht und das erste Mal in meinem Leben geimpft. Ich weiß nicht, wie lange ich bei den netten Leuten verbracht habe. Eines Tages führte man mich in einen Kleinbus. Dort warteten schon einige ebenfalls nicht Sesshafte, genau wie ich eine bin. Ich fragte die anderen:

„Wisst ihr, wo man uns hinbringt?"

Jemand meinte:

„Vielleicht werden wir, weil hier in Debrecen zu viele von uns auf der Straße sind, zur Partnerstadt Paderborn, nach Deutschland gebracht. Die haben dort mehr Geld und können uns besser versorgen."

Mehr konnten sie auch nicht sagen. Ich wurde vom eintönigen Fahrgeräusch sehr schläfrig und als ich aufwachte, war ich noch der einzige Passagier im Fahrzeug. Es dauerte nicht mehr lange, als mich eine nette Frau in Empfang nahm. Sie gab mir zu Essen, kämmte meine langen Haare, die leider sehr verfilzt waren. Wir machten sogar einen Spaziergang im Wald. Ich wollte gerade ein Nickerchen machen, als es an der Wohnungstür klingelte.

Wer waren die denn schon wieder? Was wollten die?

Ich sah eine fremde Frau Papiere unterschreiben, während der Mann auf mich zukam und mir durchs Haar strich. Ich hörte die Frau sagen:

„Dann sind die Adoptionspapiere ja jetzt unterschrieben und wir können sie endlich mit nach Hause nehmen".

Adoption? Nach Hause nehmen? Sollte das etwa heißen, ich war adoptiert? Ein zu Hause??? Ich war glücklich. Doch hoffentlich waren sie auch nett. Zuerst wollte ich nicht in das Auto meiner neuen Eltern steigen. Ich hatte Angst. Aber dann fuhr ich doch mit. Anfangs hatte ich noch große Angst. Meine neuen Eltern hatten ein großes Haus mit einem großen Garten. Dies war mir alles unheimlich. Aber meine Adoptiveltern zeigten mir in den nächsten Monaten, dass ich keine Angst zu haben brauche und sie mich immer beschützen werden. Heute habe ich ein wenig zugenommen, weil mir das Essen sehr gut schmeckt. Meine Haare sind gewachsen und nicht mehr verfilzt. Na ja, baden oder duschen tue ich nach wie vor nicht so gerne, aber es muss halt so sein. Meine Leute sind so nett, dass sie immer alles tun was ich ihnen sage. Neulich hörte ich wie der Sohn meines „Frauchens" zu ihr sagte: „Du, sag mal, wer ist eigentlich bei euch der Leitwolf? Ich dachte nur:

„Ja, das ist ja wohl keine Frage, das bin ja wohl ich. Ein ungarischer Hütehund, namens Lima."

Lima kam am 14. Dezember 2014 zu uns und hat sich seitdem zu unserem „Leitwolf" entwickelt. Sie bringt jeden Tag Freude und Sonnenschein in unser Leben.

Milchtütenschicksal

Ein kleines verträumtes Nest mit ca. 70 Häusern. Hier und da hat man den Eindruck, dass hier die Welt vor 50 Jahren stehengeblieben ist. Dies ist die Heimat von Bauer Hans-Otto. Er läuft zweimal am Tag mit seinen Milchkühen die gleiche Strecke zur Kuhweide. Diese Monotonie veranlasst ihn permanent vor sich hin zu sprechen, was des Öfteren auch in laut Halses schimpfen übergeht. Familie L. die seit noch nicht langer Zeit ein Haus gekauft hat, was auf dem Weg des Bauern zur besagten Weide liegt, betrachtet ihn und seine Kühe mit einem gewissen

Misstrauen. Das Grundstück endet an einem Graben, der jedes Mal die Kühe dazu verleitet am Graben zu grasen und große Fladen Dung zu hinterlassen. Dies hat zu Folge, dass man in der Nähe des Grabens, d.h. am Ende des Grundstücks eine gewisse Geruchsbelästigung empfindet.

Nun ist es so, dass sich jedoch auch am Ende des besagten Grundstücks ein großer Teich und ein Gartenhäuschen befinden. Familie L. liebt den Platz am Teich. So stellt man dort einen Tisch und Stühle auf. Im zwei Meter entfernten Gartenhäuschen werden die Getränke, für den Aufenthalt am Teich, gelagert. Frau L. trinkt während sie eine spannende Geschichte, in ihrem E-Book, liest gerne mal ein Gläschen Milch. Diese ist allerdings nicht frisch von der Kuh, sondern aus dem Tetra Pak und light, da Frau L. auf ihre Figur achten muss.

Es ist heiß, sehr, sehr heiß. Das Thermometer hat die 40-Grad-Marke geknackt. Frau L. sitzt am Teich und schaut den Libellen bei ihrem Flug zu. Die Goldfische kommen an den Teichrand und fordern ihr Futter ein. Frau L. macht sich auf ins Gartenhäuschen, um Fischfutter zu holen, dabei verspürt sie den Wunsch auf ein Glas Milch. So begibt sie sich, nachdem sie die Fische gefüttert hat, zum

Kühlschrank und holt sich die 1,5 prozentige Light-Milch heraus. Zuerst überlegt sie noch, ob sie nur ein Glas Milch nehmen soll, oder die ganze Tüte mitnehmen soll. Sie entscheidet sich für die ganze Tüte. Sie denkt, bevor die Milch sauer wird, trinke ich sie lieber. Milch macht schön; dies wusste schon Cleopatra, sinnierte Frau L. vor sich hin. Eine halbe Stunde später war die Milchtüte leer. Jedoch wohin mit der leeren Tüte? Die Hitze macht Fr. L. müde und träge. Sie überlegt und beschließt das Leergut in den Graben zu werfen. Gedacht, getan. Doch treffen war noch nie ihre Stärke. Nun liegt der Müll neben dem Graben fast auf der Straße. Jetzt bei der Hitze durchs Tor gehen und sie wieder reinholen. Nein, das würde sie jetzt auf keinen Fall tun. Sie ist im Milchrausch. Jetzt noch ein Liter Milch denkt sie. Oder ist es zu viel? Bekomme ich Bauchschmerzen? Der innere „Schweinehund" siegt. Sie geht trotz aller Bedenken zum Kühlschrank nachschauen. Und siehe da, es ist noch ein Paket da. Doch O' Schreck, die Milchtüte sieht aus, als würde sie jeden Moment explodieren.

„Mist, sie ist schon weit übers Verfallsdatum", murmelt Frau L. vor sich hin.

Da sie diese auch noch entsorgen muss, geht dieses

„Teil" den gleichen Weg wie die andere Tüte.

Augen zu und ein bisschen dösen. Die Seele ein bisschen baumeln lassen. Milch macht nicht nur schön, sie beruhigt auch. Es dauert nicht lange und um Frau L. wird es dunkel. Man hört nur noch ein leises Schnarchen.

Während dessen hat Bauer Hans-Otto seine Kühe von der Weide geholt und begibt sich auf den Weg zum heimischen Kuhstall. Ihn nerven die Fliegen, die sich bei dieser Jahreszeit nicht nur die Kühe als Lieblingsplatz aussuchen. Er schimpft deshalb mal wieder und schlägt um sich, um die Fliegen zu vertreiben.

Währenddessen seine Schützlinge mal wieder ziemlich viel grünen Brei hinterlassen, was bei dem saftigen Gras nicht verwunderlich ist. Er läuft hinter der Herde und kehrt die wunderschönen, saftigen Fladen mit einem Besen zur Seite. Das Anwesen der Familie L. ist nun auf gleicher Höhe. Kuh Julia läuft wie immer vorneweg und lässt sich von NICHTS auf dem Nachhauseweg abhalten. Die letzten der Herde trödeln schon mal gerne, so dass der Bauer sie mit einem Stockhieb antreiben muss. So ist es auch dieses Mal. Kuh Else bleibt stehen und grast. Sie ist die Vorletzte in der Herde. Durch einen Stockschlag auf ihr Hinterteil macht Sie einen Ausfallschritt. Die Milchtüte explodiert mit einem Knall. Else erschreckt sich dermaßen, als sie von dem säuerlichen, dickflüssigen Brei getroffen wird, dass sie Bauer Hans-Otto übersieht. Schlusslicht Mia übersieht ihn ebenfalls.

Während Frau L. noch immer selig schlummert, schläft Bauer Hans-Otto für immer.

Frau „Weihnachts-Grinch"

Eigentlich ist sie ja eine nette Person. Es gibt wohl kaum einen Menschen der hilfsbereiter ist, als sie. In der Schule war sie überaus sozial. Dies änderte sich allerdings schlagartig, als sie ihr erstes selbstverdientes Geld in den Händen hielt. Sie wurde total unsozial und zu einem grandiosen Weihnachtshasser. Sie bezeichnet sich selbst als „Weihnachts-Grinch".

Heilig Abend bei der Bescherung stänkert sie rum. Weihnachten wäre eh nur was für „Konsum-Heinis". Im August fängt sie schon an, ihre Wünsche zu präzisieren. Irgendwie passt das alles nicht zusammen. Über „Weihnachtsliebhaber" meckert, debattiert und lamentiert sie. Sie geht sogar so weit, dass sie ihre Umwelt als Heuchler und Lügner bezeichnet. Seit sie verheiratet ist, hat sie selbst ihren Mann mit ihrer Weihnachtsphobie angesteckt. So haben Frau „Grinch" und Herr „Grinch" ihre Probleme mit den Weihnachtstagen. Welch ein Glück, dass die beiden keine Kinder haben. Die müssten dann ohne Christkind und Weihnachtsmann auskommen. Ach ja, und der Nikolaus würde dann auch ausfallen.

Jedermann hat Angst bei Ehepaar „Grinch" irgend Etwas zum Thema Weihnachten beizusteuern. Sofort geht es los mit dem Gezeter:

„Nächstes Jahr fahren wir in Urlaub, dann brauchen wir den ganzen Mist nicht mehr mitzumachen. Nicht mit uns! Dieser ganze Konsumterror. Eigentlich könnte Weihnachten abgeschafft werden. Man muss Geschenke kaufen und das kostet alles Geld und Zeit."

Die armen „Grinche". Sie müssten sich ja mit anderen Menschen beschäftigen, außer sicher selber. Wenn die beiden „Grinche" an Weihnachten was verschenken müssen, verpacken sie es in Zeitungspapier. Ehepaar „Grinch" hat dann seine Freude und lacht sich halbtot, wenn die beschenkte Person irritiert in die Runde schaut. Die „Grinche" selber haben vielseitige Wunschzettel mit kleineren, aber meistens riesigen Wünschen.

Und wenn dann Weihnachten da ist, ist Frau „Grinch" die erste die zum Tannenbaum rennt und ihr Geschenk sucht.

Weihnachtsstress, was ist das? Man freut sich das Weihnachten ist und man tolle Geschenke bekommt.

Weihnachten ist einfach super! Bis im Januar, die „Grinche" wiedererwachen.

Die Mimose

Rita konnte als Baby schon die Schwingungen in der Luft spüren. Sie war ein sehr sensibles Kind. Als sie in den Kindergarten kam, wurde sie nur von allen gehänselt, weil sie immer sofort anfing zu weinen. In der Schule war es genauso. Da sie von ihren Eltern, wenn sie eine schlechte Note mit nach Hause brachte, geschlagen wurde und zur Strafe nur ein Butterbrot mit Zucker, als Pausenbrot bekam, hatte sie später schon vor jeder Schularbeit sehr große Angst. Sie war die Klassenschlechteste. Rita war groß und dünn, sehr, sehr dünn. Sie aß nicht viel und hatte nicht viele Freunde. Außer einer Freundin, Lisa.

Lisa saß neben ihr in der Klasse und das, ohne sich zu schämen. Die anderen Mitschüler mieden sie. Rita holte Lisa morgens vor der Schule ab, weil es auf dem Weg lag. Die Mutter ihrer Freundin stopfte ihr dann schnell ihre kaputte Strumpfhose und gab ihr ein Leberwurstbrötchen, für die Pause mit. Lisas Mutter wusste um den Seelenzustand der kleinen Rita und half ihr, wo es nur ging, ohne dass es ihre Eltern je erfahren haben. Ritas Selbstbewusstsein war so gut wie nicht vorhanden. Sie füllte sich ständig angegriffen. Sie fühlte sich zu nichts Nutze und hatte Angst vor allem und jedem. Nach der Hauptschule besorgten die Eltern ihr eine

Stelle als Haushaltshilfe. Rita wusste nicht, dass man noch unglücklicher sein konnte. Im Haushalt für andere Leute den Schmutz zu entfernen, gefiel ihr nun ganz und gar nicht. Aber, was sollte sie machen, die Eltern hatten das Sagen und wollte sie mit ihnen reden, setzte es Hiebe. Ihre beiden Brüder, die es besser hatten, halfen ihr in keinster Weise. Ihr Leben plätscherte so dahin.

Mittlerweile war sie 17. Doch ihr Leben war nicht einer 17jährigen würdig. Tagsüber Haushalt, in der Freizeit ebenfalls Hausarbeit, am Wochenende Ausgangssperre. Eines Samstags schaffte es Lisa, Rita mit in die Disco zu nehmen.

Dort geschah etwas Außergewöhnliches. Ein junger Mann kam auf Rita zu und forderte sie zum Tanzen auf. Die beiden verbrachten den ganzen Abend zusammen. Nach diesem Abend trafen sie sich immer heimlich. Sie hätte es nie ihren Eltern sagen können, dass sie nun einen Freund hatte. Der Vater hatte ihr gedroht, wenn sie jemals mit einem Jungen nach Hause käme, würde er sie umbringen. Und so wie die Eltern veranlagt waren, hätte dies auch gut passieren können. So beschloss der Freund von Rita, sie aus dieser Hölle raus zu holen. Bei Nacht und Nebel flohen die Beiden zu den Eltern des Freundes. Diese wohnten im Nachbarort.

Es dauerte noch Jahrzehnte bis Rita wieder mit ihren Eltern sprach. Allerdings bis heute nur das Notwendigste. Sie hat ihnen im Innersten nie verziehen.

Rita leitet heute mit ihrem Ehemann, der ihr Freund von damals ist, und noch immer, wie sie selbst sagt: „ihr Retter und wichtigster Mensch in ihrem Leben ist", eine große Firma. Sie hat zwei Töchter, die beide akademische Berufe haben und viele, viele Enkelkinder.

Auch heute ist Rita noch sensibel, vor allen Dingen anderen Menschen gegenüber. Das sagt jedoch nicht, dass sie sehr selbstbewusst und stolz ist, auf das, was sie geschaffen hat.

Aus einer Mimose wurde mit Hilfe eines liebenden Menschen eine Rose.

Die Närrin

Die Geschichte einer Närrin, die vergeblich auf die Liebe setzt

London 1975: Die 20jährige Mary Anne hat gerade erfahren, dass sie schwanger ist. Den Vater ihres Kindes hatte sie zwei Jahre zuvor in der U-Bahn kennengelernt. Ihr bis dahin trostloses Familienleben mit ihren sechs Geschwistern, einer Mutter, die ein sehr eisiges Gemüt hatte und einem Vater, der als Trunkenbold verschrien war, glaubt sie nun entkommen zu sein. Die Schwangerschaft war nicht geplant. Das Baby war ein Souvenir aus dem ersten gemeinsamen Urlaub in Spanien. Der Kindsvater, ein 19jähriger, der hocherfreut ist, Vater zu werden, kümmert sich liebevoll um sie. Er besorgt die gemeinsame Wohnung und kümmert sich auch um alles andere. Hierzu gehört auch ein Auto. Es wird ein älteres deutsches Modell. Der VW-Käfer zeigt schon nach der ersten Fahrt seine Macken. Da den beiden jedoch das Geld fehlt, eine Werkstatt aufzusuchen, schraubt Harry selbst am Wagen herum. Bei der nächsten Einkaufsfahrt der Beiden, versagen die Bremsen und Harry touchiert ein anderes Fahrzeug. Dieses Malheur hat die Geburt von Peter zu folge. Vier Wochen zu früh. Nach sechs Wochen des innigen

Familienlebens fängt Harry an, das Londoner Nachtleben zu genießen. Er bleibt ganze Nächte weg. Er schläft am Tag. Vernachlässigt seine Arbeit. Nach kürzester Zeit kündigt ihm seine Firma. Was noch des Öfteren passieren wird.

Das Geld wird knapp und er macht Schulden. Mary Anne hält zu ihrem Mann und sucht verzweifelt nach einem Job, bei dem sie ihren vier Monate alten Sohn mitnehmen kann. Es ergibt sich die Gelegenheit durch Verwandte, Kleinkinder im Alter von sechs Monaten bis vier Jahren zu Hause zu betreuen. Die Situation mit Harry spitzt sich jedoch immer mehr zu. Mittlerweile sind fast vier

Jahre ins Land gezogen. Harry ist mittlerweile die Familie gänzlich egal. Die Schulden mehren sich und Mary Anne versucht mit allen Mitteln ihre Ehe zu retten. Sie wünscht sich nichts sehnlicher als eine intakte Familie. Davon hatte sie ja schließlich schon als kleines Mädchen geträumt. Das Geld, was Sie verdient, reicht mittlerweile nicht mehr aus, um die Löcher zu stopfen, die Harry ins Budget reißt. Sie muss einen ganztags Job suchen. Dies geht sehr schnell. Freitags Vorstellungsgespräch. Montags erster Arbeitstag. Ihre Mutter erklärt sich bereit auf Peter aufzupassen. Peter ist nun sechs Jahre alt und geht in die erste Klasse. Er ist ein sehr braves

Kind. Immer ein wenig in sich gekehrt und verträumt. Er leidet sichtlich.

Eines Tages hagelt es mal wieder Mahnbescheide. Zuletzt erscheint der Gerichtsvollzieher. Mary Anne weiß, dass sie nun die Notbremse ziehen muss. Sie kann sich diesen Ehemann nicht länger leisten. Seit zwei Jahren, droht sie nun, schon Harry zu verlassen. Aber er hatte sie nur ausgelacht und verhöhnt. Nun ist es an der Zeit, was zu unternehmen, damit sie und ihr geliebtes Söhnchen nicht in der Gosse landen. Sie schlägt Harry vor, einen Vertrag beim Notar zu machen. Dieser besagt, dass er die Schulden übernehmen solle

und sie im Gegenzug auf jegli-
chen Unterhalt verzichten wür-
de. Harry willigt dem Vorschlag
hocherfreut ein. Sie glaubt,
dass nun alles anders wird und,
dass Harry seine Familie so
sehr liebt, dass er sich ändert
und wieder der „Familien-
mensch" wird, wie er ganz am
Anfang ihrer Beziehung mal
gewesen war.

Sie zieht mit Peter aus der ge-
meinsamen Wohnung aus und
wartet auf seine Reaktion.
Doch Harry kommt nicht zu-
rück. Er ist längst mit einer an-
deren Frau zusammen. Die
mittlerweile schon schwanger
von ihm ist. Am Ende bezahlt er
seine gemachten Schulden
nicht und bezahlt auch nichts

für Peter. Er wird sich nie mehr um seinen Sohn kümmern und wird ihn nie wiedersehen. Mary Anne muss sich letztendlich eingestehen, dass sie eine Närrin war.

Der Sonnenschirm
oder
Können Sonnenschirme morden?

Herr Oswald aus Rostock hatte im Geheimen schon oft überlegt, wie er seine Frau Ewa um die Ecke bringen könnte. Nach Möglichkeit so, dass er keine Spuren hinterlassen würde. Sie waren seit fast fünfzehn Jahr verheiratet und „Heinerle", wie sie ihn immer nannte, hatte vom ewigen Nörgeln seiner Frau die Nase voll. Was war aus der Frau, die er vor siebzehn Jahren in Danzig kennengelernt hatte, geworden?

Sie war damals eine hübsche Polin, um die ihn alle seine Freunde beneidet hatten. Nur seine Eltern und seine Geschwister standen der ganzen Sache damals sehr skeptisch gegenüber. Sie sollten Recht behalten.

Ewa bekam statt Kinder eine „dicke Wampe". Sie wurde im Laufe der Zeit immer voluminöser. Man konnte sie als fress- und streitsüchtig beschreiben.

„Heinerle" hatte einen Plan, wie er seine „polnische Plage" loswerden könnte. Es sollte das perfekte Verbrechen werden….

Er buchte eine Reise nach Afrika. Ziel war ein Hotel, irgendwo am Strand von Kenia. Er wollte sich dort ein Auto mieten und mit Ewa einen Ausflug ins Landesinnere machen. Sein Plan war es, sie in einer einsamen Gegend, während einer kurzen Rast, einfach zu vergessen. So ausgesetzt würde sie niemand finden und sicherlich verdursten und verhungern. Er würde sie als vermisst melden. Bis man sie in dieser einsamen Gegend finden würde, wäre er längst wieder in Deutschland und könnte sich in aller Ruhe seiner neuen türkischen, jungen Geliebten Ayse widmen.

Ayse war auch die Erfinderin des genialen Mordplanes. Sie wollte sich in Mombasa mit „Heinerle" treffen und ihm beim

Ausführen des Mordkomplotts behilflich sein.

Es war Anfang April, nach afrikanischen Verhältnissen sehr kühl. Das Wetter änderte sich ständig. Sonne, Regen, Stürme... Am Tag waren es 24 Grad und in der Nacht gerade mal 14 Grad. Für die Touristen trotzten jedoch die Sonnenschirme, in Blütenweiß und Sonnengelb, jeglicher Witterung. Und man rechnete ja ständig mit sieben Sonnenstunden… Was auch an manchen Tagen so war.

An diesem Nachmittag hatte „Heinerle" mit der Ausrede, er wolle eine Strandwanderung machen, sich auf den Weg zu einem Date mit Ayse gemacht. Ewa blieb am Hotelstrand zurück. Sie hasste langes Gehen. Sie hätte ja dadurch ein paar ihrer angefressenen Kalorien verbrennen können. Es hätte einfach ihrem Naturell widersprochen, was „Heinerle" natürlich zu Gute kam. Er machte sich mit Vorfreude, auf das Wiedersehen mit seiner wunderschönen Geliebten, auf den Weg.

Die Sonne schien mit ihren 24 Grad angenehm warm und es war windstill, was es wärmer erscheinen ließ, als es war. Nach ca. zwei Kilometern, schnellen Gehens, sah er sie, seine EINZIGE, seine Lebensfreude, sein Ein und Alles... Es trennten sie noch wenige Meter, als ein starker Wind – der zu einem heftigen Sturm anwuchs – aufkam. „Heinerle" lief auf Ayse zu und gerade in dem Moment, wo er sie umarmen wollte, löste sich einer der zugeklappten Sonnenschirme aus der Verankerung. Er schoss mit der Geschwindigkeit eines Rennwagens auf die Beiden zu. Sie merkten nicht mehr viel, als die Pfeilspitze des unteren Schirmendes sich blitzschnell, erst durch sein Herz und sich dann weiter seinen Weg durch Ayses Herz bohrte.

So schnell wie der Sturm gekommen war, war er auch wieder weg. Alles war wieder wie vorher. Er hinterließ zwei Tote und eine glückliche Ewa. Die nun endlich ihr Leben so leben konnte, wie sie wollte.

Ein Jahr später: In der Rezeption des gleichen Hotels, in Mombasa, begrüßt man eine wunderschöne, gertenschlanke Frau mit ihrem blutjungen Lover.

„Guten Tag, Frau Oswald. Schön, dass sie wieder bei uns sind......"

Eine Qualle auf Abwegen

Eine kleine Insel im Mittelmeer, die als unbewohnt gilt, ist der Schauplatz eines unterirdischen Experiments. In den unterirdischen Laboren arbeiten die beiden Biologen, Professor Hammerstein und Professor Doblinski an einer geheimen Sache.

Die beiden Professoren arbeiten seit ihrer Studienzeit zusammen. Ein unbekannter Auftraggeber hatte den Superauftrag für die beiden Wissenschaftler. Es war keine Aufgabe, sondern eine Herausforderung. Sie sollten überdimensionale, riesige Kampfmaschinen züchten. Sie sollten im Durchmesser mindestens 1,5m sein und das Aussehen einer durchsichtigen Qualle haben. Das Ergebnis der beiden Biologen konnte sich sehen lassen.... Allerdings wussten die beiden Männer nicht, was der Auftraggeber nach Beendigung dieser Aufgabe mit den Tieren machen würde. Sollten sie etwa zu Kriegszwecken verwendet werden?

Aber egal, für was sie auch gezüchtet worden waren, es sollte anders kommen.

Irgendwelche fanatischen Tierschützer hatten Wind von der Geschichte bekommen. Sie hatten eines Nachts die Wachen, die vorm Labor postiert waren, überwältigt und die riesigen Kanister mit der neuen Quallenspezies geraubt. Es war alles in heller Aufregung, als die betäubten Wachleute gefunden wurden. Die Kanister mit den Riesenquallen blieben allerdings – auch nach einer großen Suchaktion – verschwunden.

Es war Ende April. Der Strand der kleinen türkischen Touristenstadt Side fing an, sich mit winterüberdrüssigen, sonnenhungrigen Touristen zu füllen.

Annemarie und Wolfgang, genannt Wolle, seines Zeichens begeisterter Taubenzüchter, hatten sich ihren Urlaub redlich verdient. Ihren Nachbarn gaben sie das Gefühl, ehrenwerte Leute zu sein. Das kleine Häuschen der beiden, mit dem hübschen Garten, sah immer aus wie das Abbild aus einer Haus- und Gartenzeitschrift. Niemand wusste, wer sich wirklich hinter dieser Fassade verkrochen hatte.

Beide waren nach Side gekommen, weil sie im Vorfeld auf einer kleinen Insel im Mittelmeer im Auftrag einer Organisation, was zu erledigen hatten.

Jetzt wollte man hier das Geld, was sie für den erledigten Auftrag erhalten hatten, in Goldschmuck anlegen und den Rest verprassen. An diesem Tag war es sehr stürmisch. Der Wind war ungewohnt kalt und der Himmel hing voller dunkler Wolken. Eine riesige, durchsichtige Qualle, die aussah, als wäre sie eine übergroße Plastiktüte, wurde von einer drei Meter großen Welle an den Strand getragen. Sie wurde vom Sand halb verdeckt. So sah man nur eine zum Teil verdeckte Plastiktüte.

Annemarie und Wolle beschlossen, einen Strandspaziergang zu machen. Natürlich ging man in Richtung Down Town. Die Juweliere warteten schon. Es mussten schließlich Preise verglichen und verhandelt werden.

Beide unterhielten sich angerregt, als sie auf eine glitschige, durchsichtige Plastiktüte traten. Die vermeintliche Plastiktüte erwachte augenblicklich zum Leben. Was dann geschah, war gespenstisch. Die gallartartige Masse bedeckte urplötzlich die beiden Körper. Die Masse erstickte und erdrückte die beiden in Sekundenschnelle.

Kurze Zeit später fanden Strandspaziergänger die Leichen von Annemarie und Wolle. Der Leichenbeschauer und die Polizei konnten sich nicht erklären, wie die Beiden zu Tode gekommen waren.

Der Himmel war wieder strahlend blau, die Sonne lachte

vom Himmel, der Wind war verschwunden und das Meer lag wieder ruhig in seinem Bett. Irgendwo im Mittelmeer ließen sich ein paar überdimensionale Plastiktüten von den Wellen treiben.

Frau Herbst
und die
Tragik ihres Lebens

Ein verschlafenes Nest, irgendwo in Deutschland. Hier wächst Frau Herbst auf. Die 22jährige ist die älteste Tochter eines Fuhrunternehmers. Ihre Mutter starb bei der Geburt ihres zweiten Kindes.

Es ist Frühjahr 1926. Anna erlebt gerade die erste Liebe ihres Lebens. Der Mann ihrer Begierde ist ein Mann in den besseren Jahren. Von ihm erfährt sie die Liebe und Wärme, die sie während ihres bisherigen Lebens von ihrem Vater vermisst hatte. Dieser heiratete nach dem Tod seiner Frau schnell wieder und dies bedeutete für Frau Herbst nichts Gutes. In den nächsten Jahren gab es noch eine Menge Geschwister. Es waren elf an der Zahl und bis auf zwei Jungen alles Mädchen. Die Stiefmutter von Frau Herbst war nicht gerade eine liebevolle Mutter. Sie war gänzlich überfordert mit ihren vielen Gören. Der Vater war ein rauer Geselle, der dem Alkohol nicht abgeneigt war und, wenn er genug davon hatte gewalttätig wurde und das nicht nur in der Kneipe.

Aber im Frühjahr 1926 passiert etwas, was das bisherige Leben von Frau Herbst gänzlich verändern sollte.

Das Frühjahr verabschiedete sich und es wurde Sommer. Frau Herbst war immer noch sehr verliebt. Sie hatte sich mittlerweile diesem wundervollen Mann hingegeben und gab ihm ihren Körper und ihre Seele. Es hätte alles so weitergehen können. Sie genoss das Leben in vollen Zügen.

Eines Tages bemerkte sie, dass etwas mit ihr nicht stimmte. Sie war launisch und da war diese morgendliche Übelkeit. Sie nahm zu und bekam ein kleines Bäuchlein. Ging es ihr zu gut? Aß sie deshalb so viel?

Es war an einem Sonntagmorgen, nach dem Kirchgang, mit ihrer großen Sippe, als sie fest davon überzeugt war, schwanger zu sein. Sie freute sich schon riesig, auf ihr Baby und ihr neues Leben, mit ihrer großen Liebe. Ihre Gedanken glitten in eine wunderschöne Zukunft ab.

Aber da war noch was, was sie beängstigte. Wie würden ihr bösartiger Vater und die Stiefmutter reagieren? Den Gedanken an diese Personen tat sie schnell beiseite. In einem war sie sich sicher, der Heirat mit ihrem Liebsten würde nichts im Wege stehen.

Doch das Schicksal nahm im Sommer des Jahres 1926 seinen Lauf. Die große Hoffnung auf eine eigene glückliche, kleine Familie verwelkte wie ein Blatt im Wind. Das ersehnte Glück zerplatzte wie eine Seifenblase.

Der Mann ihrer Träume verließ sie blitzartig, nachdem sie ihm die Schwangerschaft beichtete. Er musste ihr gestehen, dass er verheiratet sei und sein Stand es nicht zuließ, seine Frau zu verlassen. Ihr Vater zeigte nur auf die Ausgangstür. Sie durfte gerade mal ihren kleinen Koffer mit ein paar Habseligkeiten mitnehmen. Teils zu Fuß begab sie sich auf den Weg in die große Stadt, nach Köln. Dort bekam sie, schneller als sie dachte, eine Stelle als Hausmädchen.

Sie war sehr niedergeschlagen, denn es war klar, sie musste alleine für sich und das Baby sorgen. Ein uneheliches Kind war in der damaligen Zeit eine große Schande.

Am 25. Februar 1927 bekam Frau Herbst, in einem Kölner Krankenhaus, einen Sohn. Sie gab ihm den Namen Helmut. Wohnen durfte sie mit ihrem Sohn in einem kleinen Zimmer, bei ihrem Arbeitgeber. Es war ein nettes Ehepaar, denen Frau Herbst leidtat. Auf dem Weg aus dem Krankenhaus lief Frau Herbst aus Unachtsamkeit genau in die Arme eines jungen Mannes. Wie sich später herausstellte war er Niederländer. Ihn hatte es in einen kleinen Ort

20 Km westlich von Köln verschlagen.

Die beiden trafen sich häufig zum gemeinsamen Spazierengehen, mit dem kleinen Helmut. Und es dauerte nicht lange, da wurde geheiratet. Die kleine Familie lebte nun zusammen in dem kleinen Ort, wo Martin, so hieß der neue Mann ihrer Glückseligkeit, – genauso wie ihr Vater – ein Fuhrgeschäft aufbaute. Martin liebte den kleinen Helmut wie seinen eigenen Sohn und adoptierte ihn. Drei Jahre später bekam Frau Herbst erneut Nachwuchs. Der kleine Hans und Helmut waren ein Geschwisterpaar, wie man es sich nur wünschen konnte.

Die beiden wuchsen zu hübschen Jünglingen heran.

Es kam der 2. Weltkrieg und Frau Herbst hatte Angst um ihren Erstgeborenen. Der biologische Vater war wohl jüdischer Abstammung. Dies hieß für Frau Herbst alle Papiere, die auf diese Herkunft hinwiesen, zu verbrennen. Sie hatte ihren Sohn so vor den Schergen gerettet. Damit war dieses Kapitel für sie abgeschlossen. Sie sprach nie wieder darüber.

Sie war glücklich mit dem, was sie hatte. Später arbeitete sie in der naheliegenden Kreis-Stadt als Zahnarzthelferin. Ihr Mann Martin starb mit 54 Jahren an Krebs. Ihr Sohn Hans starb mit

52 Jahren an Herzversagen. Sie selber wurde nur 62 Jahre alt. Ihre Enkelin, die sie jeden Mittwoch nach der Schule besuchte, fand sie mit dick aufgequollenem Bauch vor. Sie holte ihre Mutter und Frau Herbst kam ins Krankenhaus. Zwei Tage später verstarb Frau Herbst.

Sie starb, ohne das Geheimnis um den biologischen Vaters ihres erstgeborenen Sohnes preiszugeben.

Jeck in Concert

Margot war nun 54 Jahre alt, frisch geschieden, Mutter zwei erwachsene Kinder und hatte einen Job, der sie ausfühlte. Nur eines fehlte ihr: ein Mann. Zwar gab es hier und da mal ein One-Night-Stand. Meistens kannte sie nicht mal den Namen ihres Gespielen. Ab und zu gönnte sie sich einen Callboy.

Es war Karnevalssonntag. Margot hatte von einer Kollegin eine Eintrittskarte, für das Kölner Gloria-Theater, geschenkt bekommen. Die Domstädter, eine Kölner Karnevalsgesellschaft, die aus mehreren Musikgruppen besteht, rief zum

Karnevals-Konzert. Margot fühlte sich anfangs ein wenig alleine zwischen all den Paaren. Aber nachdem sie sich genügend Mut angetrunken hatte, bemerkte sie neben sich an der Theke einen großen, breitschultrigen Piraten. Er schien ebenfalls alleine zu sein. Sein Gesicht sah verwegen aus. Seine Nase ließ vermuten, dass er mal geboxt hatte. Margot tanzte vor dieser Nase und versuchte ihn zu animieren, dass er sie ansprach. Er reagierte jedoch nicht. Als sie sich auf den Barhocker neben ihn setzte, spürte sie plötzlich eine Hand im Rücken. Diese Hand streichelte sie sanft vom Nacken bis zu den Pobacken. Es durchfuhr sie ein Schauer. Sie stand auf und ging wenige Schritte weiter, um mal wieder im Takt der karnevalistischen Rhythmen zu tanzen. Sie fühlte sich auf einmal beschwingt und beflügelt. Und wieder spürte sie, wie diesmal zwei Hände von hinten ihre Hüften umfassten und im Takt mit ihr hin und her wippten. Gleichzeitig küsste jemand zärtlich ihren Nacken. Margot wusste nicht wie ihr geschah. Als sie sich umdrehte, um zu schauen, ob es wirklich ihr Pirat war, sah sie in seine schwarzen Augen. Diese dunklen Augen kamen nun näher und näher, bis ihre Lippen sich trafen und in einem leidenschaftlichen Kuss endeten. Händchenhaltend gingen Beide zur Theke zurück und orderten weiteres Bier. Das Konzert war auf dem Höhepunkt und die Stimmung im Publikum grandios.

Margot begab sich zur Toilette. Da die Pause gerade vorbei war, hatte sie diese doch tatsächlich für sich alleine. Keine lange Schlange, kein langes Warten. Als sie die Toilettentür schließen wollte, wurde sie von außen aufgedrückt.

Der Pirat stand vor ihr. Mit einem süffisanten Lächeln nahm er sie in seine Arme. In dem Moment hatte Margot vergessen, warum sie zur Toilette gegangen war. Er küsste sie abermals leidenschaftlich und fing an, sie am ganzen Körper zu streicheln und zu liebkosen. Als er ihr langes Hippiekleid hochschob spürte sie zwischen ihren Beinen Feuchtigkeit und seine Oboe d' Amore. Sie war ziemlich groß und hart. Doch er drang noch nicht in sie ein. Er verwöhnte sie, wie es noch nie ein Mann davor getan hatte. Davon hatte Margot immer geträumt, dass ein verwegener Pirat sie mal zärtlich nehmen würde. Dieser Gegensatz machte sie an. Nun stand sie hier auf der Toilette und hatte den besten Sex ihres Lebens, mit einem Mann von dem sie noch nicht mal den Namen kannte. Sie versuchte ihn, soweit es ihr möglich war, auch zu verwöhnen. Was sie jedoch nicht brauchte, denn er schien alles zu haben, was ihn glücklich machte. Als er einen Pariser aus der Hosentasche seiner heruntergelassenen Hose fingerte, konnte Margot es kaum erwarten. Als sie kam, musste er ihr den Mund zu halten, sonst hätte sie sehr wahrscheinlich den Geräuschpegel im Saal noch übertönt. Nachdem beide einen überragenden Orgasmus erlebten, schlichen sie sich wieder zurück an die Bar.

Man hielt weiterhin Händchen und ab und zu streichelte der Pirat sanft über ihren Rücken. Kurz bevor das Konzert zu Ende war, verschwand der Pirat. Als Margot bemerkte, dass er weg war, suchte sie ihn überall im Theater. Sie fand ihn nicht mehr. Er war weg, wie vom Erdboden verschwunden. Hatte sie das alles nur geträumt? Als sie jedoch aus dem Theater in die dunkle, kalte Nacht trat, umarmte sie jemand von hinten

„Läuft alles…?"
„Ja, alles läuft!"

Ja, es läuft…. Nürburgring 09. Mai 2015.

13 Uhr und gleich geht es los. Auf meinem Rücken und meiner Brust prangt die Startnummer 1 983. Ich bin einer von 3 500 Teilnehmern am Fischerman's Friend StrongmanRun 2015.

Zwei Monate habe ich für diesen Moment trainiert. Es hat mich viel Schweiß gekostet. Tägliches Training im Fitness-Center und Jogging. Als ich anfangs im Fitness-Studio erzählte, dass ich für den Fischerman's StrongmanRun trainiere, schauten mich die Trainer mitleidig und ein wenig belustigt an. Einer – so Mitte Zwanzig – fragte mich:

„Du bist doch schon 39 oder?"

Es hörte sich so an wie:

„Du alter „Sack, du willst doch da nicht wirklich da mitmachen?".

Ich lächelte und ließ sie in dem Glauben, das ich diese Herausforderung in meinem Alter nicht mehr schaffen könnte. Na, ja, so ist das mit Leuten, die so einige Jahre jünger sind. Sie glauben sie seien, dank ihres Alters, das Maß aller Dinge, was – wie man ja weiß – meistens nicht stimmt. Es war schon immer so, und wird auch immer so bleiben…

Nun bin ich hier und warte auf das Startzeichen. Ich habe schon eine Übernachtung hier, am Nürburgring, hinter mir. Ein Freund, der mich zu diesem Lauf überredet hat und ebenfalls mitläuft, hat mit mir, für zwei Nächte, ein Zelt aufgeschlagen. Wir haben uns nicht mit den anderen Läufern auf der Pre-Run-Party eingegrooved. Nein, wir haben die Tanzschuhe am Vorabend nicht gegen die Laufschuhe eingetauscht. Die erste Nacht ist vorbei und wir stehen – wie schon gesagt – hier am Start. Ich möchte noch erwähnen, dass ich mir schon Wochen vorher ein striktes Alkoholverbot auferlegt habe.

Es geht mir nicht darum, einen der vorderen Plätze zu ergattern. Nein, es geht mir einzig und allein darum, ans Ziel zu kommen und die Finisher-Medaille zu erhalten.

13 500 Teilnehmer tummeln sich am Start. Es ist eng. Ein riesiger Pulk. Fast erdrückend. Da ertönt der Startschuss und es geht los. Vor uns liegen 18 Hindernisse, d.h., es liegen 23 Km vor uns, die wir durchhalten müssen.

Als erstes kommt ein großes Matschbecken. Es sieht sehr einfach aus. Es wird ein Leich-

tes sein, dort durchzuschwim-
men. Mein Freund und ich
nehmen den schnellsten Weg.
Mittendurch. Doch genau dort
befindet sich ein Strudel. Wir
schwimmen auf der Stelle. Es
ist mühsam ein wenig von der
Stelle zu kommen. Wir bemer-
ken, wie zwei jungen Mädchen,
die in unserer Nähe vergeblich
versuchen weiterzukommen,
von ihren Kräften verlassen
werden. Mir geht nur durch
den Kopf, wenn sie hier im zwei
Meter hohen Morast versinken,
werden selbst die Hilfskräfte,
die sich überall am Rand pos-
tiert haben, keine Chance ha-
ben, die beiden Mädels unter-
halb des Strudels zu finden.
Mein Freund und ich bieten den
beiden unsere Hilfe an. So ha-

be ich zusätzlich noch das Gewicht von ca. 60 Kilo auf meinem Rücken. Ich merke, wie mich die Kräfte verlassen. Doch mein eiserner Wille sagt mir:

„Ich muss hier durch. Ich muss es schaffen!"

Zwanzig Minuten später ist es soweit. Ich und auch mein Freund haben wieder festen Boden unter den Füssen. Verschnaufen und weiter geht's.

Noch 17 Hindernisse, dann habe ich es geschafft. Durch Elektrozäune kriechen, über aufgestapelte Autoreifen laufen, durch dunkle Tunnel laufen, die mit Stroh und Schaum gefüllt sind, hüpfen, springen, laufen, klettern... Immer wieder neue Herausforderungen.

Letztes Hindernis. Ich habe es geschafft. Lächelnd laufe ich übers Ziel und umarme meine Tochter und meine Frau. Die beiden haben die ganze Zeit mitgefiebert und Fotos vom Zieleinlauf gemacht. Ich freue mich, dass die Beiden, trotz Schlechtwetter-Vorhersagen den, den anderthalb stündigen Weg von Köln zum Nürburgring gefahren sind.

Von den 13 500 Teilnehmern bin ich EINER von 300, die an der abendlichen Abschluss-Party teilnehmen. Kein Muskelkater, keine Krämpfe, mir geht es gut. Es läuft...

Morgen früh geht es nach Hause. Ich frage mich, was wird wohl der Fitness-Trainer bei meinem nächsten Besuch im Studio sagen? Vielleicht sowas wie:

Wie war dein Lauf?".

„Ja, es läuft ALLES…",

werde ich ihm antworten und ihm stolz meine Medaille zeigen

Malum

Ich bin Lisa, acht Jahre alt und gehe in die dritte Klasse.

„Es ist Zeit ins Bett zu gehen",

sagt Mama und ich gehorche, schließlich muss ich morgen in der Schule fit sein.

Es ist sicherlich mal wieder zwischen drei und vier Uhr in der Früh und die Jalousien lassen keinen Lichtstrahl in mein Kinderzimmer durch. Es rasen meine Gedanken durch meinen Kopf, als ich wach werde. Einige Dinge machen mir im Moment große Probleme. Meine Ohren nehmen ein schreckliches, furchterregendes Rasseln wahr. Es kommt aus meinem

Brustkorb, der sich in schnellem Tempo auf und ab bewegt. Irgendetwas hält mir den Hals zu. Außerdem scheint jemand auf meiner Brust zu sitzen. Das Einatmen fällt mir schwer und das Ausatmen fällt mir noch schwerer. Wann hört es endlich auf? Ich merke wie meine Haut feucht wird. Der Schweiß läuft in Strömen und trotzdem ist es mir entsetzlich kalt. Du muss atmen, noch mal und noch mal und noch mal. Ich habe das Gefühl, die Zeit bleibt stehen….

Endlich geht die Tür zu meinem Schlafzimmer auf. Mama kommt mit der rettenden Medizin herein. Sie sitzt auf dem Bettrand und hält meine Hand. Das rasselnde Geräusch, was meinem Brustkorb entweicht, wird langsam schwächer und die Luft, die ich mühsam einatme bahnt sich ihren Weg, noch etwas schlaftrunken, nach draußen. Ich merke wie mich ein befreiender Schlaf überfällt.

Um sieben Uhr morgens wird Mama mich wecken kommen und dann wird außer dem bisschen Übelkeit und dem leichten Kopfschmerz nichts mehr an heute Nacht erinnern. Ich gehe dann zur Schule und werde dort mein Bestes geben. Denn ich bin eine gute Schülerin, auch wenn ich anders als die anderen Mitschüler bin. Während sie schlafen und im Traum oft mit ihren Dämonen kämpfen, kämpfe ich einige Male in der Woche um mein Leben, denn ich bin Asthmatikerin und wünsche mir nichts sehnlicher als diesen Kampf noch sehr oft zu gewinnen...

Maries Glück

Marie hatte gerade ihren 47. Geburtstag gefeiert, als Erik in ihr Leben trat. Sie arbeitete im Supermarkt an der Kasse. Erik sah sie das erste Mal genau dort, an dieser ihrer Kasse. Seine ganze Erscheinung verbreitete Fröhlichkeit. Erik hatte gerade seinen 30. Geburtstag gefeiert und das Leergut zurückgebracht. Beim nachfolgenden Einkauf hatte er seine Lebensmittel wieder aufgefüllt. So zählten Müsli, Cornflakes, Milch, Reis, Nudeln und Joghurt zu den Sachen, die er aufs Band legte. Dabei schaffte er es, dass zuerst ein Joghurt neben das Band fiel und anschließend noch der Beutel mit dem losen Reis sich über einige Quadratmeter des Ladens ergossen. Maries Kunden, sowie Erik, nahmen es mit Humor. Nachdem Erik noch einen Lachanfall bekam und alle ansteckte, vergaßen alle was soeben passiert war. Die Auszubildende fing mit den Aufräumarbeiten an. Erik holte sich neue Ware und entschuldigte sich bei Marie. Die hatte sich in diesem Augenblick unsterblich in den ungeschickten Kunden verliebt.

Mit seiner EC-Karte überließ er Marie auch seine Visitenkarte. Er verabschiedete sich mit den Worten:

„Auf ein baldiges Wiederse-
hen".

Von nun an war Erik täglich im
Laden. Manchmal kaufte er nur
Kleinigkeiten, in der Hoffnung,
Marie an der Kasse zu treffen.
Was Erik nicht wusste, Marie
war für zwei Wochen in ihren
wohlverdienten Urlaub gegan-
gen. Sie hatte gerade eine
Scheidung mit einem ausge-
prägten Rosenkrieg hinter sich
und war froh, für diese kurze
Zeit, in eine andere Welt zu
entfliehen. Zwei Wochen, die
Küste Spaniens genießen, oh-
ne an zu Hause zu denken, das
war, worauf sie sich freute.
Doch im Urlaub dachte sie nur
an diesen schönen jungen
Mann und wünschte sich nichts

sehnlicher, als ihn wiederzusehen. Zu Hause zurückgelassen, dachte Erik an nichts anderes mehr, als an die hübsche Frau von der Supermarkt-Kasse.

An ihrem ersten Arbeitstag, nach ihrem Urlaub, schaute Marie sehnsüchtig in den langen Gang, der zur Kasse führte. Es vergingen der zweite und auch der dritte Tag und dann kam er. Er war da, der Mensch, der ihre Träume im Urlaub beflügelt hatte.

Erik legte eine Flasche Wein und Sekt, einen Teig für eine Pizza, Tomaten, geriebenen Käse, Salat, Müsli und Obst aufs Band. Er strahlte sie wieder mit diesem atemberaubenden Lächeln an. Diesmal fiel die Flasche Rotwein auf den Boden. Doch das machte ihm nichts aus, er lächelte weiter und sagte:

„Ich hole mal eben eine neue Flasche Rotwein."

Das Lehrmädchen putzte mal wieder und Erik lud Marie zum Abendessen ein, nachdem er die neue Flasche Rotwein aufs Band gelegt hatte. Marie war wie elektrisiert. Dieser lustige, charmante, wunderschöne junge Mann hatte sie gerade zum Abendessen eingeladen.

Es wurde ein lustiger Abend. Man bereitete gemeinsam das Abendessen, mit einigen der gekauften Zutaten, vor. Der

Abend endete, wie es kommen musste. Am nächsten Morgen nach einer wunderschönen Nacht, in der wenig geschlafen wurde, gab es zum Frühstück Müsli, in das Erik Obst schnippelte. Sie bemerkte, dass Erik das alles geplant haben musste, hin bis zum Frühstück. Danach verabschiedeten sich Beide herzlich und überglücklich. Man hatte beschlossen sich am Abend wiederzusehen.

Die Zeit verging. Beide waren ein glückliches Paar, trotz des Altersunterschiedes und den blöden Sprüchen mancher, neidischer Mitmenschen. Sie hatten Spaß in jeglicher Hinsicht. Marie ging wieder in die Disco tanzen. Erik war nicht der super Tänzer, deshalb saß er auch so manche Nacht auf irgendeiner Bank oder Stuhl in der Disco und wartete. Viele junge Mädchen sahen ihn gierig an und hätten ihn am liebsten Marie weggeschnappt. Aber Erik interessierte das nicht. Er liebte nur seine Marie. Sie fuhren in seinem Sportflitzer im Winter mit offenem Verdeck durch schneebedeckte Landschaften, fuhren mit einem Spezialgefährt durch eine Bierfabrik. Sie stand, bei einem ihrer Ausflüge unerwartet, mit Stöckelschuhen in tiefem Schnee an einer Bobbahn und schaute den Rodlern zu. Er überraschte sie ständig mit neuen lustigen Events. Marie hatte den Spaß ihres Lebens.

Sie fühlte sich jung, begehrt und war glücklich. Das Leben fühlte sich leicht und lustig an. Soviel gelacht hatte Marie noch nie in ihrem Leben.

Anderthalb Jahre vergingen wie im Flug. Eines Nachts hatte Marie einen Albtraum. Sie träumte, sie wäre alt und säße im Rollstuhl. Erik stand hinter ihr und schob den Rollstuhl. Er sah noch jung, jedoch unglück-lich und verbittert aus. Als sie aus diesem Traum erwachte, wusste sie was zu tun war. Sie war so glücklich gewesen und sie liebte ihn so sehr. Doch konnte sie so egoistisch sein? Die Zeit würde vergehen und Erik würde vielleicht noch Jahr-zehnte mit einer alten Frau verbringen müssen. Nein, das wollte Marie nicht, dafür liebte sie ihn zu sehr. Sie fasste einen Entschluss. Sie lud ihn zum Essen ein und eröffnete ihm, dass sie ihn freigeben werde. Schließlich wolle er ja auch noch Kinder und eine Frau, mit der er gemeinsam alt werden möchte, versuchte sie ihm ihren Entschluss zu erklären. Erik war fassungslos. Er hatte vorgehabt, sie immer zu lieben. Bis der Tod sie scheiden würde. Aber Marie hatte ihren Entschluss gefasst und blieb dabei. Erik litt am Anfang nach der Trennung sehr. Marie aber wusste, dass er und diese glückliche, lustige Zeit immer in ihrem Herzen und Gedanken weiterleben würden.

Erik zog in eine andere Stadt und lernte einige Jahre später eine neue Frau kennen, mit der er zwei Kinder bekam. In seinen Gedanken jedoch ist Marie, so wie er sie damals sah, immer allgegenwärtig.

Heute lebt Marie in einem Pflegeheim und ist dement. Die einzige Erinnerung, die sie noch hat, ist die gemeinsame Zeit mit Erik.

Monkey-Night

Ich erinnere mich noch genau, ich war vier Jahre alt und meine Eltern wollten an einem Samstagabend tanzen gehen. Die Freude auf meine Großeltern, bei denen ich an diesem Wochenende schlafen sollte, war mal wieder riesig. Mein Opa hatte direkt neben der Wohnung des Hauses seine Schneiderwerkstatt. Dort konnte ich in einer sogenannten Lumpenkiste, in der die Stoff-Abfälle der zugeschnittenen Kleidungsstücke ihre Zuflucht fanden, spielen. Diese Reste faszinierten mich. All diese bunten Stofffetzen…

Abends nachdem ich Omas leckere Suppe zum Abendbrot gegessen hatte, las Oma mir, wie immer, eine Gute- Nacht-geschichte vor. Sie handelte diesmal von kleinen Affen im Zoo. Danach durfte ich bei ihr im Bett schlafen.

In der Nacht wurde ich wach. Der Mond schien gespenstisch auf Omas und Opas Bett. Riesige Schatten huschten über den Kleiderschrank. Und was am Schlimmsten war, das zwei übergroße Affen sich am Schrank festkrallten. Ich machte die Augen zu und drehte mich langsam um. So dachte ich, könnten mich die beiden Gorillas nicht mehr sehen. Wer weiß was geschehen würde,

wenn sie sich vom Schrank ent-
fernten und zu uns ins Bett kä-
men. Wir würden auf jeden Fall
sterben, das war mir klar. Ich
dämmerte so vor mich hin. Düs-
tere Gedanken hatten von mir
Besitz ergriffen. Ich hatte zu
viel Angst meine Großeltern zu
wecken. Das würde die Beiden,
die die Vorderseite des Schlaf-
zimmerschranks nun bewohn-
ten, sicherlich auf uns aufmerk-
sam machen. Irgendwann
muss ich wohl eingeschlafen
sein und als ich wach wurde,
hingen diese verdammten Affen
immer noch am Schrank. Das
konnte doch nicht sein, wieso
blieben diese großen Viecher
einfach so lange in gleicher Po-
sition am Schrank hängen? Ich
hatte entsetzliche Angst und

versuchte wach zu bleiben. Vielleicht greifen sie ja nur an, wenn ich in meinen wohlverdienten Schlaf falle, dachte ich. Irgendwann muss ich dann doch eingeschlafen sein. Wilde Träume begleiteten meinen Schlaf, in denen Affen auf Menschen jagt machten und sie bissen…

Als ich am nächsten Morgen erwachte, schien die Sonne durchs Fenster in mein Gesicht. Es war schon spät und meine Großeltern hatten ihren Tag schon längst begonnen. Meine Oma kam ins Schlafzimmer und sagte:

„Na, du kleine Schlafmütze, hast du gut geschlafen?"

Ich erzählte ihr, was in der Nacht geschehen war. Oma sagte nur:

„Mein liebes Kind, es war Vollmond und der zaubert schon mal so Affen ins Schlafzimmer. Wenn man schläft bemerkt man sie nicht, also versuch es das nächste Mal mit Schlafen."

Ich dachte nur:

„Nein, das konnte nicht sein, dann war ja jeder Mensch bei Vollmond in Gefahr."

Der restliche Morgen plätscherte so dahin und nach dem Mittagessen saß Opa mit einer dicken Zigarre auf der Terrasse. Ich gesellte mich zu ihm. Es war immer so gemütlich auf seinem Schoß zu sitzen und den Duft der Zigarre zu riechen. Ich wollte das Thema von meinem nächtlichen Erlebnis noch einmal aufgreifen, und fragte Opa was er von der Sache halte? Da saß er nun, und lachte und lachte und lachte. Ich war geschockt. Warum lachte er nur? Lachte er mich aus? Als er sich endlich beruhigt hatte, erklärte er mir, was es mit den Affen auf sich hatte.

„Es war so": begann er,

„Oma hat nachdem sie dich ins Bett gebracht hatte noch zwei ihrer Kleider bei mir in der Werkstatt aufgebügelt. Diese hatte sie dann an den Kleiderschrank zum ausdünsten gehängt, um sie am nächsten Morgen in den Kleiderschrank zu verfrachten. Da du beide Male geschlafen hast, konntest du das nicht wissen."

Opa und ich lachten nun beide um die Wette. Unser lautes Lachen hatte nunmehr Oma aus dem Haus gelockt. Sie fragte:

„Was ist denn hier los? Was ist denn so amüsant?"

Als wir ihr erzählen, warum wir so lachten, stieg sie in unser Gelächter mit ein und sagte anschließend:

„Na, mein Schatz, da habe ich dir ungewollt ja eine schreckliche „Monkey-Night" beschert.

Aber ein bisschen Abenteuer im Leben muss schon mal sein."

Spuren

Irland, Mitte des 19 Jahrhunderts. Die Familie McFlaherty kaufte vom Geld ihres veräußerten Bauernhofes ein kleines Steinhaus in Belfast, an der Westküste Nordirlands. Missernten, Hungersnöte und Repressalien durch die britische Herrschaft ließen die Bevölkerung im Jahre 1841 schrumpfen. Belfast im Norden Irlands war der Sitz der katholischen Bischöfe der Insel. Die Leinenindustrie war in Belfast angesiedelt und der neue Seehafen versprach den McFlahertys endlich Arbeit. Die kleine Familie der McFlahertys bestand aus Mama Amber, Vater James und der kleinen Hollie. Für James war es schwer in dieser Zeit seiner Familie ein einigermaßen schönes Leben zu bieten. Zum Glück hatte er das Bauernhaus seiner Eltern geerbt. Da seine Eltern beide fast zeitgleich verstarben und er das Anwesen alleine nicht mehr bewirtschaften konnte, da die Ernte so mickrig war, dass man davon nicht mehr leben konnte, hatte er beschlossen alles hinter sich zu lassen und nach Belfast zu ziehen. Er hatte gehört, dass man dort in der Leinenindustrie und im Hafen Arbeit finden würde. 153 Regentage im Jahr ließen die Menschen melancholisch werden. So ging es auch James und Amber. Das kleine Haus was James vom Erlös des Hofes gekauft hatte, war ein düsteres Gebäude. Das braune Reetdach, welches an manchen Stellen undicht war und die dunkle Farbe der Lehmmauern strahlten etwas Unheimliches aus. James kaufte es, weil es gerade noch bezahlbar war. Immerhin hatte es einen kleinen, verwunschenen Garten. Diesen liebte die kleine Hollie, die gerade ihren dritten Geburtstag gefeiert hatte, besonders.

Beim Einzug hatte Amber auf dem alten Holzboden an mehreren Stellen in einer merkwürdigen Anordnung fünf Tropfen einer rötlichen Flüssigkeit gefunden. Da Amber ein kleiner

„Putzteufel" war, wie James sie immer zärtlich nannte, wurden diese schnell entfernt. Amber war der Meinung, auch wenn das Innenleben des Hauses ein wenig verwohnt und abgenutzt sei, so sollte es doch sauber sein. So holte sie sich sofort nach dem sie die Flecken in den alten Holzdielen sah, einen Eimer Wasser aus dem nahegelegenen Brunnen und schrubbte alles blitzblank. Täglich wiederholten sich diese fünf Flecken und nun gab es ebenfalls noch kleine Lachen einer Flüssigkeit, die in der Farbe, Urin ziemlich ähnlich sahen. Amber hatte Hollie schon ausgeschimpft, weil sie der Meinung war, dass sie ihre Notdurft einfach auf den Boden gemacht habe. Die kleine Hollie weinte nur und sagte, sie sei das nicht gewesen. Amber erzählte es James. Dieser meinte nur lapidar, diese Spuren, wie er die Tropfen nannte, kämen vielleicht von einigen undichten Stellen im Reetdach.

James war es im Grunde genommen auch egal. Seit man nach Belfast gezogen war, interessierte ihn Amber und Hollie recht wenig und noch weniger was im Haus passierte. Er hatte Arbeit als Hafenarbeiter gefunden. Die schwere Arbeit dort und die raue Art seiner Kollegen machten ihm schwer zu schaffen. Er war unglücklich über seine Entscheidung nach Belfast gekommen zu sein. Die schlechte Gesellschaft seiner Kumpels tat ihr übriges So hing er in seiner Freizeit häufig mit ihnen im Crown Liquor Salon ab. Hier wurde getrunken, gerauft und nicht selten mit Frauen angebändelt. Zu Hause versuchte währenddessen Amber das Familienleben – soweit es möglich war – intakt zu halten. Besonders die kleine Hollie litt sehr darunter, dass ihr Vater nur selten zu Hause war und wenn, dann war er betrunken, pöbelte rum und schlief.

Die Spur der Tropfen, von denen Amber mittlerweile glaubte, dass es Bluttropfen waren, hinterließen eine Spur bis in die kleine Kammer, in der Hollie ihre Matratze auf dem kahlen

Holzboden liegen hatte. Amber putzte und putzte. Sie glaubte mittlerweile, dass das Haus verhext sei. Nachts wurde sie sehr oft durch ein Scharren und Kratzen auf dem Dachboden geweckt. Ihren im Alkoholrausch schlafenden und schnarchenden Mann zu wecken, wäre sinnlos gewesen. So blieb sie mit ihrer Angst alleine. Mittlerweile holte sie Hollie nachts zu sich rüber, auf ihre abgenutzte Matratze. Hollies Behauptung, es würde nachts, wenn die Glocken vom nahe gelegenen Kirchturm läuten, eine wunderschöne Frau mit langen blonden Locken an ihr Bett kommen und sie anlächeln, untermauerte die Vermutung von Amber, dass es im Haus spuke.

Hollie erzählte Amber weiterhin in ihrer kindlichen Art, dass wenn die Glocken des Kirchturms verstummten, wäre die schöne Lady wieder weg. Amber war geschockt. Sie trug sich nach langen Überlegungen mit dem Gedanken wegzugehen; weg aus dem Spukhaus und weg von James. Aber wohin? Sie musste doch ihre Tochter beschützen.

In ihrer Verzweiflung sprach sie mit dem ortsansässigen Pfarrer. Dieser bot Amber an, zu ihm ins Pfarrhaus zu ziehen.

Es war Abend und Amber war sich bewusst, dass es die letzte Nacht in diesem verfluchten Haus war. Hollie wollte unbedingt, trotz Protest von Amber, noch einmal in ihrer kleinen Kammer schlafen. Amber schlief in dieser Nacht sehr unruhig, da sie alleine im Haus war.

„Mein betrunkener Gemahl ist sicherlich mal wieder mit einer seiner Frauenbekanntschaften nach Hause gegangen", dachte Amber, bevor sie in einen Alptraum versank.

Der Morgen brach an und Ambers erster Gedanke war, zu Hollie rüber zu gehen, um sie zu wecken. Sie wollte anschließend die wenigen Habseligkeiten in einen Sack verstauen und dann mit Hollie zum Pfarrhaus rübergehen. So früh wie möglich das Haus zu verlassen war ihr Ziel, bevor James vielleicht doch noch den Weg – vor der Arbeit – nach Hause finden würde. Als Amber die kleine Kammer, wo sie Amber schlafend auf ihrer Matratze vermutete, betrat, war diese leer. Stattdessen fand sie nur Blutspuren, die geradewegs von der kleinen Holztreppe, die von der Dachkammer in die Wohnstube hinunter reichte, in die Kammer von Hollie führten.

Alle polizeilichen Bemühungen waren umsonst. Hollie wurde nie gefunden. Die Leute munkelten später, dass die schöne Frau, die Hollie nachts an ihrem Bett gesehen hatte, sie geholt habe und, dass das Haus verhext sei. Sie erzählten sich weiter, dass der schöne Geist, die sehr kinderliebe Vorbesitzerin des Hauses gewesen sei. Diese wurde eines Nachts – weil sie auch nach vielen Jahren Ehe kinderlos blieb – von ihrem Mann bestialisch ermordet. Sie fand keine Ruhe und holte deshalb Hollie zu sich.

Am Morgen nach Hollies verschwinden fanden Hafenarbeiter James, ermordet im Hafenbecken. Der Pfarrer nahm die gebrochene Amber auf und sie führte von nun an seinen Haushalt. Das „Spukhaus" wurde, kurz nach dem Verschwinden von Hollie, von ängstlichen Nachbarn niedergebrannt.

Schuhblues
in
Valencia

20. August 1984:

Familie Spunitzki aus Köln, fährt wie jedes Jahr nach Spanien, in den Sommerurlaub. Die kleine Familie besteht aus Mutter Matilda, Vater Eddi, Sohn Björn und Hund „Wuschel". Auch diesmal fährt Papa Eddi seine „Leute" mit dem Auto in den kleinen Touristenort Salou, an der spanischen Mittelmeerküste. Auch – wie immer – gibt es eine Übernachtung in Marseille.

Matilda, die einen ausge-
prägten Schuhtick pflegt,
hat hier, wie fast überall,
wo sie hinkommt, ihren
Stammschuhladen. Noch
mehr freut sie sich jedoch
auf die schönen spanischen
Schuhe. Den Geruch und
das weiche Leder dieser
Schuhe liebt sie besonders.
Sie kann das duftende Le-
der schon im Vorfeld rie-
chen. Sie wird auch diesmal
keinen Schuhladen auslas-
sen, zum Leidwesen ihrer
Familie. Die fast immer auf
irgendeiner Bank vorm oder
im Schuhgeschäft zu finden
ist. Angekommen hält Ma-
tilda es nach zwei Tagen

Badeurlaub nicht mehr aus. Das Strandleben langweilt sie. Überdrüssig und allmählich ein wenig missmutig, überzeugt sie Mann und Sohn, am nächsten Tag nach Valencia zu fahren. Unter dem Vorwand eine Städtetour machen zu wollen, bekommt sie ihren Willen.

Angekommen steuert sie den nächsten Schuhladen an. Dieser ist direkt am Bahnhof von Valencia. Mann, Kind und Hund werden – „the same procedere as every year" - auf einer Bank im Geschäft deponiert.

Eddi hat sich überlegt, er könne ja auch ein paar neue Sandalen gebrauchen. Seine alten Latschen, bei denen sich ein kleines Loch in der Sohle allmählich an seinen Fußsohlen bemerkbar macht, lässt ihn mit einem Lächeln in die Herrenabteilung entschwinden. Matilda ist währenddessen schon in ihrem Element. Sie probiert hier ein paar Sandalen, dort ein paar Pumps und dann wieder Zehenlatschen. Sie möchte am liebsten alle Schuhe kaufen. Doch dafür reicht das Budget nicht. Nach eineinhalb Stunden entscheidet sie sich für ein paar bunte Riemchensandaletten. Sie ist gut gelaunt, mit Vorfreude auf noch andere Läden. Eddi ist auch pfündig geworden und kommt lächelnd auf sie zu. So nun noch Björn und „Wuschel" abholen. In ihren Gedanken ist Matilda schon im nächsten Schuhladen. Doch als Beide auf die Bank zusteuern, wo sie ihre beiden „Schätze abgeladen" hatten, ist diese leer. In ihrer Verzweiflung suchen sie das ganze Geschäft ab. Informieren die Belegschaft des Ladens und last not least die Polizei. Doch alles Suchen verläuft im Sande. Monatelang wird nach dem vermissten Jungen mit seinem Hund gesucht. Ohne jeglichen Erfolg. Matilda und Eddi trauern einige Zeit und dann holt sie die Normalität des Lebens wieder ein. Sie versuchen zu vergessen, was geschah.

Einige Jahre später:

Matilda und Eddi verbringen noch immer ihren Sommerurlaub in Spanien. Allerdings seit der Tragödie ihres Lebens war Matilda nie mehr im Schuhladen des „Grauens", wie sie ihn nennt. Matilda und Eddi treibt es allerdings diesmal zurück, zu dem Punkt, an dem sich beider Leben so tragisch verändert hatte. Matilda geht wieder ihrem Hobby Schuhe kaufen nach und Eddi setzt sich - wie fast immer - auf die Bank.

Allerdings ist diesmal irgendetwas anders. Auf der gleichen Bank – genau wie damals - sitzt ein Teenager mit seinem alten Hund. Als Matilda mit ihrer „Beute" die Bank erreicht und sich zu Eddi setzt, bemerkt sie die Beiden. Der Junge spricht Deutsch mit seinem Hund und so kommen sie ins Gespräch. Matilda sagt

zu dem „fremden" Jugendli-
chen:

„Weiß Du mein Junge, wir
hatten auch mal einen hüb-
schen Sohn - so wie DU -
und einen Hund. Sie sahen
euch verdammt ähnlich…

Sommerliebe

Es war Ende Mai, die Tage wurden länger, alles blühte in seinen schönsten Farben. Der Sommer schickte seine Vorboten, als Nicole einen Spaziergang mit ihrer kleinen Malteserhündin im nahegelegenen Park machte. Sie besuchte fast jeden Tag diesen wunderschön angelegten Park mit seinen vielen wunderschön angelegten Beeten und dem kleinen Teich, den im Sommer zahlreiche Seerosen bedeckten. Der Teich befand sich in der Mitte des Parks und war rundherum mit genügend Bänken ausgestattet, so dass Nicole immer einen Platz fand, um dem Spiel des

Wassers zuzuschauen. Sie ließ dann ihre Seele baumeln. Eines Tages saß sie wieder auf einer der kleinen, gusseisernen Bänke, als sie ihn sah. Er lag etwas verwegen auf der Bank neben ihr. Ihre Augen konnten sich nicht von ihm abwenden.

„Den will und muss ich haben", flüsterte sie vor sich hin.

Sie ging rüber streichelte ihn sanft und sagte:

„Willst du mit mir kommen?"

Er antwortete ihr jedoch nicht.

„Das heißt also JA",

raunte sie vor sich hin.

Es gab schon viele vor ihm, aber sein Teint, seine Anmut

waren etwas Besonderes. Er wurde ihr ständiger Begleiter und Beschützer. Im Sommer verbrachte sie sogar ihren Urlaub mit ihm.

Im Hafen von St. Tropez spazierten sie vorbei an den vielen extravaganten Yachten. Es schien, als würde er die Sonne und die salzige Luft des Meeres mögen.

Ende September beschloss Nicole noch einmal - für einen Kurzurlaub - an die niederländische Küste zu reisen. Die Sonne schien, jedoch der Wind wurde schon heftiger. Die Herbststürme ließen ahnen, dass es nicht mehr lange dauern würde, bis die kalte Jahreszeit wieder die Macht an sich reißen würde. Die kleine Malteserhündin liebte es durchs Wasser zu laufen und sich den Wind um die kleine Stupsnase wehen zu lassen. Nicols Begleiter allerdings hatte für starke Winde nichts übrig.

Einen Tag vor ihrer Abreise machte Nicole einen längeren Strandspaziergang.

„Lass uns ein Wettrennen machen", rief sie ihrer Hündin zu und schon liefen beide durch den sich aufwirbelnden Sand. Der Wind blies ihnen ins Gesicht.

„Au", rief Nicole, als die kleinen Sandkörner ihr ins Gesicht peitschten.

„Mist, jetzt ist der Wind wieder stärker geworden", dachte sie ein bisschen ärgerlich.

Das kostenlose Peeling ihres Gesichts, durch die feinen Sandkörner, stimmte sie allerdings wieder versöhnlich. Sie war ja schließlich ein positiv denkender Mensch. Doch es kam wie es kommen musste, eine ziemlich heftige Windböe riss ihren Begleiter mit sich. Sie sah ihn über die Nordsee fliegen. Nein, er tanzte übermütig über den Wellen. Nach wenigen Augenblicken war er nur noch als kleinen Punkt, am Horizont, zu erkennen. Nicole winkte ihm wehmütig hinterher und rief,

„Adieu, mein heißgeliebter Sommerhut. Nun brauche ich dich eh nicht mehr".

Tod an der Sieg

Melanie und Ralf planten eine Wanderung entlang des wunderschönen Flusses Sieg. Der Hintergrund war, dass die Beiden seit geraumer Zeit getrennt lebten und auf diese Weise eine Einigung über den Verbleib ihrer Hündin „Bella" erzielen wollten. Melanie allerdings wollte gerne ihr altes Eheleben zurück. Ihr Fehltritt tat ihr mittlerweile leid. Sie fühlte sich einsam und verlassen.

Ralf hatte diesen Fauxpas längst vergessen und eine neue Freundin. Diese wollte er auch nach der Scheidung von Melanie heiraten. Der Hund sollte bei Melanie bleiben. Er wollte den Köter eh nicht. Wie sie nur auf die Wahnsinns-Idee kommen konnte, ihm einen Hund zum vierzigsten Geburtstag zu schenken. Einfach Wahnsinn. Er sollte mehr Sport machen, hatte Melanie gemeint und da sollte der Hund behilflich sein. Joggen, das war ja nun gar nicht sein Thema. Er wollte und möchte den Hund auch in Zukunft nicht. Basta!

Nun überlegte er schon seit einiger Zeit, wie er sich Melanie und „Bella" entledigen könnte. Dies war sein eigentlicher Grund, ihr diese Wanderung, die an der Sieg entlang gehen sollte, vorzuschlagen.

An bestimmten Stellen der Sieg ist sicherlich schon die eine oder andere Person ertrunken, so gab Ralf sich seinen Gedanken hin.

Melanie war während dessen total euphorisch. Sie ging zur Kosmetikerin und zum Friseur. Kaufte sich super teure Kleidung und das alles für eine Wanderung. Sie war total fokussiert auf diesen einen bestimmten Tag.

Ralf hatte mittlerweile sich mit Rattengift eingedeckt, was gar nicht so einfach war. Er wusste, dass seine Ex mit Genuss des Öfteren einem Glas Rotwein nicht abgeneigt war. Seine Idee war, den Rotwein, mit einem wenig Rattengift zu vermischen und dann in eine Thermoskanne zu füllen. Melanie musste dann nur noch einem kleinen Picknick-Stopp zustimmen.

So rief er seine noch Frau an und erzählte von seinem Plan, ein kleines Picknick auf ihrer Wanderung einzuschieben. Melanie war aus dem „Häuschen". Sie sah alles durch eine „rosa Brille". Es wird alles gut, redete sie sich ein.

Der lang ersehnte Tag rückte immer näher. Nur noch ein Tag. Makeup, Frisur, und der Lack der Fingernägel waren optimal. Melanie stand vorm Spiegel und war mit sich zufrieden. Sie trug ihre neuen Jeans und ihre neue Bluse. Die Bluse ließ einen tiefen Einblick ins Dekolleté werfen. Als sie sie zuknöpfte glitt sie in einen Tagtraum ab. Sie träumte davon, wie Ralf ihr die teure Bluse vom Leib reißen würde.

Es klingelte. Er stand da, der Mann ihrer Begierde. Ralf lächelte sie mit seinem charmantesten Lächeln an. Die Freude auf beiden Seiten war sehr verschieden. Während sie nach seiner herzlichen Umarmung sehr glücklich war, dachte Ralf insgeheim:

„Du blöde Kuh", du wirst noch sehen wo die Reise hingeht."

Auf dem Weg zur Sieg, die sie in seinem offenen Cabriolet

verbrachten, plapperte Melanie munter drauf los. Ralf hingegen war ruhig und in sich gekehrt. Er musste sich mental auf das bevorstehende Ereignis vorbereiten. Bei der Ankunft an der Sieg knallte Melanie versehentlich die Autotür zu laut und zu heftig zu, so dass Ralf sich zusammenreißen musste. Fast hätte er seine freundliche Fassade verloren, musste er doch seine Rolle spielen, um sich der ungeliebten Noch-Ehefrau zu entledigen.

Doch jetzt hieß es Rucksack auspacken und los geht's. Nach einigen Kilometern, wo man sich über die Schönheit der Landschaft unterhielt, schlug Ralf vor, die Decke auszubreiten, die Picknicksachen rauszuholen und über das eigentliche Thema zu reden, weshalb man hier sei. Melanie war hocherfreut, als er ihr erklärte, dass die Thermoskanne ihren Lieblingsrotwein enthalte.

„Entschuldige, dass ich den Rotwein in die Thermoskanne umfüllte. Aber eine Flasche im Rucksack ist immer so eine Sache..."

Er öffnete die Thermoskanne, während sie aus seinem Rucksack eine Decke entnahm, um sie am Rand des Ufers auszubreiten. Die wunderschönen, alten Bäume spendeten an diesem sonnigen Sommertag angenehme Schatten.

Melanie und Ralf bemerkten nicht, dass sich eine Gestalt hinter einem dieser Schatten-spender verbarg. Die Person trat seitlich neben den Baum und spannte ihre Armbrust. Treffer! Melanie sackte nach vorne. Unter ihr bildete sich blitzschnell eine kleine Lache Blut, die immer größer wurde. Ralf versuchte entsetzt Melanie umzudrehen. In dieser kurzen Zeit wurde die Armbrust erneut gespannt. Treffer! Diesmal traf der Pfeil Ralf in den Rücken. Ihn ereilte das gleiche Schick-sal, wie Melanie. Die Gestalt kam näher und lachte verächt-lich.

Rita, Ralfs Freundin sprach leise zu den beiden Gemeuchelten:

„Bis der Tod euch scheidet! Mal wieder zwei Ehebrecher eliminiert. Auf zu neuen Taten..."

Bella blieb übrigens bei Rita. Die beiden Todesfälle, an der Sieg, wurden übrigens nie aufgeklärt. Allerdings gab es am besagten Fluss noch weitere Vorfälle dieser Art.

Urlaub in Istanbul

Urlaub! Endlich Urlaub! Renate aus Salzuflen und ihr Freund Fredi aus Köln freuten sich auf ihren einwöchigen Urlaub in Istanbul. Die Beiden wollten schon länger diese quirlige, vor Leben sprühende, Millionenstadt besuchen. Wobei Renate sich auf den Topkapi-Palast und die Hagia Sophia, mit ihren ausgestellten Schmuckstücken – angeblich soll es dort den größten Diamanten der Welt geben - und dem Porzellan aus vielen Epochen freute, interessierten Fredi mehr die autolosen Prinzeninseln, die fast mehr Katzen als Einwohner haben und die Häuser im bayerischen Stil, den Betrachter verzaubern. Er hatte gehört, dass es dort im Hafen ein Fischrestaurant gäbe, was seine Hobbykoch-Ambitionen zum Strahlen brachte. Beide wollten schon 2010, als Istanbul zur „Europäischen Kulturhauptstadt" gekürt wurde, eine Reise dorthin machen. Leider wurde Renates Mutter schwer krank und die Reise musste storniert werden.

Nun sechs Jahre später war es endlich soweit. Sie standen am Kölner Flughafen und warteten auf ihren Flieger, als ein großer, muskulöser Mann, der sich als Ismail vorstellte, auf die Beiden zukam und unverblümt fragte, ob sie für seine kranke

Mutter in Istanbul ein Päckchen mit Medikamenten mitnehmen würden. Die Medikamente würden dann im Hotel abgeholt werden. Die beiden Urlauber, die von Natur aus nette Menschen waren, zögerten keinen Moment den Auftrag anzunehmen. Nach einem ruhigen Flug in Istanbul angekommen, lief alles nach Plan. Die Medikamente wurden am nächsten Tag – nachdem man sie an der Rezeption hinterlegt hatte – abgeholt. Renate und Fredi machten sich an diesem Tag auf, den Gewürzbasar zu „beschnuppern". Dort duftete es verführerisch nach Gewürzen, Kräutern und Essenzen. Fredi der leidenschaftliche Koch und Gewürzliebhaber kaufte viele verschiedene Gewürze, Kräuter und Öle, mit Vorfreude auf seine zu Hause wartenden Kochorgien.

Die Tage vergingen wie im Flug und erneut standen die Beiden wieder am Check-in-Schalter auf dem Istanbuler Flughafen. Diesmal war der Flug nicht so ruhig. So einige Turbolenzen schüttelten und rüttelte das Flugzeug, so dass es einigen Passagieren, samt Renate übel wurde. Dies war aber nach der Landung längst vergessen, da sich Renate schon auf das üppige Mahl von Fredi freute. Fredi hatte ihr versprochen, sie noch einmal so richtig kulinarisch zu verwöhnen, bevor sie wieder nach Bad Salzuflen fahren würde. Er hatte sich dazu entschieden, einige türkische Köstlichkeiten zuzubereiten, da er jetzt über so viele verschiedene landesübliche Zutaten, zum Verfeinern seiner Speisen sein Eigen nannte. Da traf es sich gut, dass ausgerechnet an diesem Tag Markt auf dem kleinen Platz war, in dessen Nähe Fredi wohnte.

Es wurde Lamm und frisches Gemüse eingekauft. Zu Hause angekommen, ging Fredi mit viel guter Laune an sein Werk. Es dampfte und duftete durch seine kleine Küche und selbst bis draußen im Flur roch man, dass bald ein leckeres Mahl darauf wartete, verspeist zu werden.

Während Renate den Tisch deckte und dekorierte, goss Fredi beiden ein Glas Rotwein ein. Es war Renates Lieblingsgetränk, ein kalifornischer Zinfandel. Sie beobachtete ihn ein bisschen voller Neid, wie er genussvoll die Köstlichkeiten abschmeckte.

Nun war es endlich soweit. Beide prosteten sich zu und sprachen noch einen Toast auf ihre wunderschöne vergangene Reise aus. Das Essen war superb und beide verspürten nach dessen Genuss eine wohlige Müdigkeit in sich aufsteigen. Sie kamen gerade noch bis aufs große Sofa im Wohnzimmer, als sie auch schon schliefen.

Was sie nicht wussten, es war ein tödlicher Schlaf, aus dem sie nie wieder aufwachen sollten.

Fredis Wohnzimmertür wurde aufgeschlossen; zwei maskierte Männer durchstöberten die Wohnung nach Wertgegenständen. Sie nahmen fast alles mit, außer dem Sofa mit den beiden leblosen Körpern.

Eine Verbrecherbande hatte Renate und Fredi auf dem Hinflug nach Istanbul ausspioniert. Man hatte im Hotelzimmer alles, was Fredi im Gewürz-Bazar gekauft hatte, vertauscht mit anderen Ingredienzien. Diese Sachen waren minimal mit einem tödlichen Gift versetzt, welches man nicht schmeckte. Wenige Minuten nach dem Verzehr setzte die todbringende Wirkung ein.

Ismael, der liebe, nette Herr, der fragte, ob die Beiden Medikamente für die kranke Mutter mitnehmen könnten, hatte gleichzeitig, ganz vorsichtig und geübt Fredis Haustürschlüssel aus seiner Jacken-Tasche genommen und in eine gummihafte Masse gedrückt. Dann hatte er ihn flink wie ein Wiesel wieder zurückgesteckt, ohne dass Fredi was bemerkt hatte. Die Anschrift hatte er ganz geschickt vom Personalausweis abgelesen, als Fredi diesen vorzeigen musste und so nahm das Schicksal seinen Lauf

Übernahme

Elli saß auf ihrer Terrasse und schaute versonnen in die Ferne. Es war Mitte Juli. Die Sonne brannte. Seit Mai war das Thermometer nicht mehr unter 26 Grad gesunken. Der riesige Sonnenschirm vermochte nicht mehr viel auszurichten. Elli schlürfte an ihrem eiskalten Eistee. Es waren wieder mal viele Fliegen an diesem Tag unterwegs. Diese verjagte Elli mit ihrem Fächer, der ein Mitbringsel aus früheren Zeiten war.

„Verdammte Viecher",

rief sie laut, als einer der Plagegeister geradewegs auf ihrer

Nase Platz nehmen wollte. Stella, ihre schneeweiße Husky-Hündin, litt genau wie Elli sehr unter der Hitze. Stella machte es sich gemütlich in ihrem Hundepool. Diesen hatte Elli vor einigen Wochen gekauft und damals nicht gedacht, dass es ihrer Hündin so viel Spaß machen würde, sich im Pool aufzuhalten. Im Haus nützten auch mittlerweile die Klimaanlage und die Ventilatoren nichts mehr. Elli machte sich Gedanken, was wohl mit der Erde geschehen werde, wenn es so weiter ginge. Die Pole würden weiter schmelzen und der Planet Erde würde bald nur noch aus Wasser bestehen. Elli machte sich um sich selber weniger Gedanken. Es waren ihre Kinder, Enkel und Urenkel, um die sich sorgte. Sie hatte ihr Leben gelebt. Mit 92 Jahren hatte sie so manches Abenteuer überstanden. Von ihren vier Geschwistern war sie die Letzte, die noch lebte. Vor zehn Jahren hatte ihr über alles geliebter Mann, mit dem sie über 60 Jahre verheiratet war, sie verlassen. Der Krebs hatte ihn besiegt. Jetzt saß sie auf ihrer Terrasse und philosophierte über alles Mögliche nach. Eigentlich ging es ihr ja gut. Sie war körperlich und seelisch fit. Ihr Gehirn funktionierte noch tadellos. Sie war immer noch wissbegierig und aufgeschlossen für alles Neue. Den schönen Ausblick von ihrer Terrasse genoss sie in vollen Zügen. In ihrem Garten blühte es in allen Farben. Jeden Tag kam am Abend ein Gärtner, sprengte den Rasen und gab ihren Pflanzen das nötige Wasser.

Währenddessen auf dem Planeten Amerion, gar nicht so weit von der Erde entfernt und doch noch nicht von den Erdlingen entdeckt.

Safron, der Cheftechniker einer riesigen Crew, arbeitete nun schon seit vielen Moraks an einer gigantischen Windmaschine, die die Amerioaner liebevoll Oranics nannten. Diese war nun so gut wie einsatzbereit. Safron hatte seiner Familie schon seit langer Zeit versprochen, dass er Amerion retten würde. Das Wasser war schon lange auf dem Planeten knapp geworden. Selbst die Reserven, die man aus dem Innern des Planeten rausgeholt hatte, neigten sich dem Ende zu. Safron war der Sohn des großen Herrschers Tinkton. Dieser war der höchste Patriarch des Planeten. Außer ihm gab noch einige Gebietsleiter, die ihm allerdings unterstellt waren. Ihre Befugnisse waren bedeutungslos zu der Macht die Tinkton hatte. Ihr Planet, so schien es, wäre zum Tode verurteilt, wenn Safrons Plan nicht gelänge. Die immer heißere Sonne hatte ihr übriges getan. Es war ihnen unmöglich geworden, ohne Wasser Amerion zu bewirtschaften. Oranics sollte ihre

Rettung sein. Über die Hälfte der Bewohner war schon verdurstet und verhungert. Safron wusste, welche Verantwortung ihm sein Vater mit der Erbauung von Oranics übertragen hatte. Heute Morgen, bevor er sich von seiner Frau Avita verabschiedete, hatte er ihr mitgeteilt, dass heute der große Tag für Oranics sei. In der riesigen Eisenhalle käme sie heute zum Einsatz.

Safron war so aufgeregt, wie nie in seinem Leben. Würde die Maschine funktionieren?

Elli hatte sich gerade ein Eis aus dem Gefrierschrank geholt. Eislutschend wippte sie in ihrem Schaukelstuhl hin und her.

Stella schwamm währenddessen eine kleine Runde in ihrem Pool. Die Welt schien so ruhig, so friedlich, als urplötzlich ein erfrischender Wind den beiden um die Nase blies. Elli und Stella genossen ihn. Dieser entwickelte sich jedoch innerhalb von Minuten zu einem Orkan. Elli sah noch wie zwei Flugzeuge vom Himmel stürzten, bevor sie und ihr Hund weggeweht wurden.

Die erste Stufe zur Rettung des Planeten Amerion war geglückt. Safron wusste, dass der blaue Planet, wie er die Erde zu nennen pflegte, über viel Wasser verfügte, was durch die Erderwärmung und das Schmelzen der Pole noch mehr würde. Mit

und mit, wollte Safron die Land-
flächen von Menschen säubern
und seine Leute als erste Über-
lebens-Maßnahme dorthin eva-
kuieren. Später wollte er mit
riesigen Raumschiffen Wasser
auf seinen Planeten transpor-
tieren und ihn wieder bewohn-
bar machen.

Bevor die Bewohner der Erde
das Grauen begreifen konnten,
waren sie schon ausgelöscht.

Zwischen den Jahren

Es war Mitte der 80er Jahre. Der Stress der Weihnachtszeit streifte ich am 27. Dezember wie ein altes Kleidungsstück ab.

Ich und meine kleine Familie, das waren mein Sohn, mein Mann, unser Hund „Roger" und meine Wenigkeit.

Diese Zeit zwischen den Jahren war immer die Schönste. Mein Mann und ich hatten Urlaub und unser Sohn Weihnachtsferien. Wie jedes Jahr bekam unser Sohn eine neue Langlauf-Ausrüstung. Ja, sie haben richtig gelesen. Eine Langlauf-Ausrüstung. Damals schneite es noch Weihnachten und spätestens am 28. Dezember, nachdem man am Tag davor lange Spaziergänge, die Reste der Weihnachtsgans vertilgt und im Schein des Tannenbaumes mit einem Buch in der Hand den Tag ausklingen ließ, ging es ab zum Ski-Langlauf ins Sauerland.

Acht Uhr aufstehen. Tee und Glühwein in Thermoskannen verpacken, während mein Sohn mit dem Hund eine Runde um den nahe gelegenen Weiher drehte. Ja, der Aachener Weiher, in dessen Nähe wohnten wir damals. Es ist ein künstlich angelegtes Becken, was viele Gänse und Schwäne beheimatet, in Köln-Lindenthal. Ich möchte hier nicht abschweifen. Denn nachdem Kind und Hund wieder zu Hause waren, ging es rein in die Skianzüge. Proviant für Mensch und Tier ins Auto verfrachtet und ab ging die Post. Es gab nichts Schöneres als die kleinen Hügel runter zu sausen. Da unser Hund sehr lange Haare hatte, was nun mal beim polnischen Pon der Fall ist, bekam er im Schnee tennisgroße Bälle an Füße und Beine, so dass er am Ende nicht mehr laufen konnte. Mein Mann hatte dann die tolle Idee, Socken von ihm mit einem Einmalgummi an seinen Läufen zu befestigen. Zur Belustigung der anderen Langläufer, verlor Roger dann ständig seine Socken. Es war immer sehr lustig.

Ich erinnere mich, dass ich ein anderes Mal die Kurve am Ende eines Hanges nicht bekommen habe und so kurios gestürzt bin, dass ich mit dem Kopf im Schnee stand und die Skier oben an meinen Füßen in der Luft baumelten. Es gab natürlich ein riesiges Gelächter und was machte mein Mann? Er macht natürlich ein Foto von meinem Stand. Meistens fuhren wir an mehreren Tagen zum Langlauf, wo zum Teil der Schnee einen halben Meter hoch lag. Wir machten wie gesagt, Langlauf im Sauerland oder m Bergischen Land, wanderten, rodelten in der Eifel und fuhren Schlittschuh auf dem zugefrorenen Aachener-Weiher.

Am Abend, wenn die Dunkelheit Einzug hielt, wurde Schlittschuh auf dem Weiher gelaufen. Manchmal bis in die Nacht hinein. Es spiegelte sich der Weiher im Schein der Laternen und Kind und Mann konnten nicht genug davon bekommen. Während dessen ging ich mit dem Hund meine Runden um den Weiher und schaute dem munteren Treiben zu. Zu meiner Freude hatte sich am Rand des Weihers ein Glühweinstand niedergelassen. So trank ich, wenn ich des Laufens müde war, die eine oder andere Tasse Glühwein.

Oft kamen abends Freunde vorbei und es wurde zusammen gekocht und geklönt. Sylvester sah man sich dann wieder. Es war immer die Zeit in der man das Gefühl hatte, sie würde langsamer gehen. Alles war so ruhig, so gemütlich. Dem Knirschen zuzuhören, wenn die Stiefel Kontakt mit Eis oder Schnee hatten. Einfach himmlisch. Zeit haben, ausruhen, innehalten. Kraft schöpfen für das neue Jahr.

Dreißig Jahre später: Der Stress der Feiertage ist vorbei. Ein wenig Raureif. Ich bin glücklich darüber. Er tut es auch in Ermangelung von Schnee. Schnee, diese wunderbaren, weißen Kristalle, sind leider Mangelware geworden. Kein Schlittschuhlaufen auf einem gefrorenen Weiher mehr.

Kein Schnee im Bergischen Land oder im Sauerland. Nur Kunstschnee. Lohnt es sich meinem Enkelkind noch einen Schneeanzug zu kaufen? Man weiß es nicht.

Es hat sich vieles verändert. Trotzdem, zwischen den Jahren genieße ich diese Zeit. Ich gehe mit unserer Hündin „Lima", in dieser „Schwebezeit" viel spazieren. Hänge meinen Gedanken nach. Was war, was wird? Werden wir nochmal so Winter wie früher in unseren Breitengraden erleben? Oder werden unsere Nachfahren nur noch Schnee durch Bilderbücher kennen? Werden sie einen Schneemann oder eine Schneeballschlacht nur noch mit Kunstschnee machen können?

Mein Wunsch nach Raureif ging jedenfalls in Erfüllung. Es knirschte unter meinen Stiefeln und am Abend hing der Himmel voller Sterne. Ich träumte vom zugefrorenen Aachener Weiher und einem Glühweinstand im Zwielicht der Laterne…

Ich werde auch weiterhin die Zeit zwischen den Jahren genießen, wenn es denn sein muss, auch ohne Schnee und zuschauen, wenn die Natur den Atem anhält und wir Menschen, wenn wir es zulassen, innehalten um uns gestärkt ins neue Jahr aufzumachen.

Anmerkung: Zu meiner großen Freude gab es in diesem Januar – allerdings nicht zwischen den Jahren – mal wieder Schnee.

Bereits erschienen von
Anne Rösner-Langener:

**„Egon" – Wie ein kleiner Kater
sein Glück findet
BoD – Books on Demand GmbH,
Norderstedt
ISBN: 978-3-8423-3672-8**

**„Egon"- Ein kleiner Kater wird
Erwachsen
BoD – Books on Demand GmbH,
Norderstedt
ISBN: 978-3-7412-3772-0**

**Zauberwald
Ein russisches Wintermärchen
BoD – Books on Demand GmbH,
Norderstedt
ISBN 978-3- 7528-4804-5**

„Elise"
Ein Drachenmärchen
BoD – Books on Demand GmbH,
Norderstedt

ISBN 978-3-7528-3436-9